SCHWEIZ

Kulinarische Streifzüge

Peter Widmer
Alexander Christ

SCHWEIZ

Kulinarische Streifzüge

Mit 75 Rezepten,
exklusiv fotografiert
für dieses Buch
von
Hans Joachim Döbbelin

SIGLOCH
EDITION

Die Abbildung gegenüber der Titelseite zeigt die Zubereitung einer Raclette bei einem Älplerfest. Raclette – ein Name, der ähnlich wie Rösti oder Fondue unverwechselbar auf die kulinarische Schweiz hindeutet. Kein Walliser Fest ist ohne Raclette denkbar, aber auch in den anderen Gebieten der Schweiz und im benachbarten Ausland hat die Raclette längst ihren Siegeszug angetreten. Erfunden wurde die Raclette der Sage nach 1875 in den Weinbergen von Siders, als sich die Winzer bei grimmiger Kälte ein Feuer zum Aufwärmen entfachten. Dabei geriet der mitgebrachte Bergkäse zu nahe ans Feuer und schmolz. Dieser heisse Käsebrei schmeckte zum Brot jedoch unerwartet gut, und ein Nationalgericht war geboren. Heute gibt es elektrische Racletteöfen, die die Zubereitung des Gerichts in jedem Haushalt erlauben. Ein besonderes Erlebnis aber ist selbstverständlich die original zubereitete Raclette am Holzfeuer.

Reproduktion: Otterbach Repro, Rastatt
Satz: Lihs, Satz und Repro, Ludwigsburg
Druck: Graphische Betriebe Eberl, Immenstadt
Papier: 135 g/m² nopaCoat glänzend, Nordland Papier AG, Dörpen
Bindearbeiten: Buchbinderei Sigloch, Künzelsau
ISBN 3-89393-092-2

Die Schweiz gestern und heute

Erste Spuren menschlichen Daseins finden sich auf dem Gebiet der heutigen Schweiz schon in der Altsteinzeit, also vor rund 200000 Jahren. Die Funde sind lückenhaft und lassen über das Leben jener Menschen nur Vermutungen zu. Im 4. Jahrtausend v. Chr. wandern Nomaden ein, die sich hier niederlassen und deren Kenntnisse in Ackerbau und Viehzucht für die spätere Entwicklung des Landes richtungweisend werden. Das Beschaffen von Nahrung bleibt nicht mehr allein dem Glück und Zufall überlassen, Vorratshaltung wird möglich, Geschirr und anderer Hausrat aus Keramik fördern die Sesshaftigkeit. Die Erfindung des Bronze- und später des Eisengusses stellen weitere Meilensteine in der gesellschaftlichen Entwicklung des Menschen dar, Siedlungen und Dörfer entstehen. Im 3. Jahrhundert v. Chr. drängen keltische Stämme, unter ihnen die Helvetier, ins Land und geben ihm seinen noch heute gebräuchlichen Namen – Helvetia. Die in jener Zeit übermächtigen Römer jedoch unterdrücken auch die Helvetier, und die Gebiete der heutigen Schweiz kommen unter römische, später ostgotische Herrschaft. Während der Völkerwanderung im 2. bis 6. Jahrhundert n. Chr. besiedeln die Alemannen grosse Teile der heutigen Schweiz. Der Westen kommt unter die Herrschaft der Burgunder, Graubünden unter die der Rätier. Unter den merowingischen Frankenkönigen und den Karolingern bildete die ganze Schweiz nördlich der Alpenkette ab 534 n. Chr. ein Stück des grossen fränkischen Reiches. Bei dessen Zerfall kommt die Westschweiz an Burgund, der übrige Teil an das Herzogtum Schwaben und damit an das deutsche Kaiserreich. Mit der Zeit teilt sich das Gebiet in viele weltliche und geistliche Herrschaften auf. Die Grafen von Savoyen im Westen, die von Kyburg im Osten und die von Habsburg im Mittelland sind die mächtigsten Adelsgeschlechter.

Im Jahre 1231 schenkt König Heinrich, der Sohn des Kaisers Friedrich II., den Urnern einen Freiheitsbrief, worin er ihnen verspricht, ihr Land nie an Fürsten zu verpfänden. Als die Schwyzer 1240 dem Kaiser Friedrich II. Truppen nach Italien zu Hilfe schicken, schenkt er ihnen „als freien Leuten“ ebenfalls einen Freiheitsbrief. Im Frühjahr 1273 kauft Graf Rudolf von Habsburg Hoheitsrechte über Schwyz und Nidwalden, die bei den Talleuten als erloschen gelten. Das war der Beginn des jahrhundertelangen Gegensatzes zwischen den Waldstätten und dem Hause Habsburg-Österreich.

Die Schweiz als eigenständiges Staatsgebilde ist ein in siebenhundert Jahren europäischer Geschichte gewachsenes Land. Im Jahre 1291 schlossen sich die drei Kantone Uri, Schwyz und Unterwalden zur gemeinsamen Abwehr landesfremder Mächte zu einem ewigen Bund zusammen. Der Rütlischwur: „1. August 1291: 30 Männer – vielleicht waren es auch mehr – haben sich auf der Rütliwiese versammelt, nahe einem herrlichen See, den riesige, im Nebel verschwindende Gipfel umgeben. Es sind harte und stolze Bergbauern aus Uri, Schwyz und Unterwalden. Aus ihren Adlerhorsten sind sie herabgestiegen, von ihren Höfen, die sich auf fast unzugänglichen Alpen verlieren. Sie tragen Bärte wie Propheten, haben wettergegerbte Gesichter, sind stämmige Gestalten. An Märsche sind diese Männer gewöhnt, auch an Anstrengungen, an die Arbeit auf steil abfallenden Feldern, an den täglichen Lebenskampf in einer kärglichen und wilden Umgebung von ungewöhnlicher Schönheit. Sie fürchten weder Kälte noch Schnee, weder den Regen noch die Stürme, welche an den Berggipfeln rütteln, die Wälder kahlfegen, ihre Herden erschlagen und ihre Äcker verwüsten. Dennoch haben sie es satt, jeden Tag von neuem das Joch zu tragen, das ihnen die Fürsten von Habsburg auferlegt haben, jene Habsburger, die über einen Teil

Die Schweizer Bauern und Sennen pflegen ihre zahlreichen überlieferten Volksbräuche mit besonderer Liebe. Alphornbläser, Jodlergruppen, traditionelle Trachten und der Austausch von Neuigkeiten und Meinungen gehören dazu.

von Europa herrschen. Ihre gefürchteten Abgesandten, die Fronvögte, durchziehen das Land, treiben Abgaben ein und versuchen gewaltsam, altüberlieferte Gebräuche abzuschaffen, denn eine neue Ordnung soll erstellt werden, die jedoch nichts anderes als eine unerträgliche Form von Knechtschaft sein konnte. Durch die Unterzeichnung des Bündnisses schwören die Bergbauern aus Uri, Schwyz und Unterwalden vor Gott und den Menschen, ihre Freiheit um jeden Preis zu verteidigen." So schildert Professor Jean-Christian Spahni in seinem Buch „Die Schweizer Alpen" jene Begebenheit, von der man übrigens nicht genau weiss, ob sie sich so abgespielt hat und ob jener sagenhafte Wilhelm Tell dabei mitwirkte.

Auf jeden Fall aber gilt jener 1. August des Jahres 1291 als die Geburtsstunde der Eidgenossenschaft, im Bundesbrief festgehalten und besiegelt. Nach einem langen und mühsamen Prozess des Wachsens und Vergehens von Menschen, Ideen, Landschaften, Zeit und Zeiten wurde aus der alten Eidgenossenschaft im Jahre 1848 schliesslich der heutige Bundesstaat Schweiz.

Die heutigen Staatsgrenzen gehen auf das Jahr 1815 zurück, als sich die Kantone Wallis, Neuenburg und Genf dem Bund anschlossen. Die kleinste politische Einheit in diesem Staat ist die Gemeinde. Es gibt über 3000 Gemeinden, von denen jede ihre öffentlichen Angelegenheiten weitgehend frei und selbständig regelt: Schule, Steuern, Strassenbau, Wasserversorgung, Bauordnung und vieles mehr. Aus Gemeindegruppen, die sich im Laufe der Jahrhunderte aus gemeinsamen Interessen oder durch den Erwerb von Besitzungen ehemaliger Feudalherren zu engeren Verbänden zusammenfanden, entstanden die Kantone.

Heute zählt die Schweiz deren dreiundzwanzig (der Kanton Jura kam als letzter 1979 dazu), wovon drei zweigeteilt sind: Appenzell, Basel, Unterwalden. Jeder dieser insgesamt sechsundzwanzig Staaten im Staat, Uri, Schwyz, Obwalden, Nidwalden, Luzern, Zürich, Glarus, Zug, Bern, Freiburg, Solothurn, Baselstadt, Baselland, Schaffhausen, Appenzell-Ausserrhoden, Appenzell-Innerrhoden, St. Gallen, Graubünden, Aargau, Thurgau, Tessin, Waadt, Wallis, Neuenburg, Genf, Jura (aufgezählt in der Reihenfolge ihres Eintrittes in den Bund), hat seine eigene Verfassung, eigene Gesetze, ein eigenes Parlament, eigene Gerichte und eine eigene Regierung. Dem Bund, der Eidgenossenschaft also, haben die Kantone nur einen Teil ihrer staatlichen Befugnisse abgetreten. Diese sind in der Bundesverfassung niedergelegt: die Aussenpolitik, die Landesverteidigung, die Richtlinien der Wirtschaftspolitik inklusive des Geldwesens, die Zivil- und Strafgesetzgebung und anderes.

Der Souverän der Schweiz ist das Kollektiv aller mindestens zwanzigjährigen Schweizerinnen und Schweizer. Das eidgenössische Parlament besteht aus dem Nationalrat, direkt vom Volk gewählt, und dem Ständerat, in welchen jeder Kanton zwei, jeder Halbkanton ein Mitglied entsendet. Die beiden Kammern bilden zusammen die Bundesversammlung, die legislative Behörde der Schweiz. Die Exekutive besteht aus dem siebenköpfigen Bundesrat, einer Kollegialbehörde, welche ihre Beschlüsse gemeinsam fasst, obschon jeder Bundesrat ein Ressort verwaltet, welches einem Ministerium entspricht. Eine solche Staatsform ist zwar nicht besonders beweglich („Kantönligeist"), bietet aber doch Gewähr für Kontinuität und Stabilität.

Die Schweiz ist ein vielgestaltiges Land. Sie ist in ihrer Struktur, in der geologischen, geografischen, politischen und wirtschaftlichen Gestaltung breit gefächert.

Geologisch ist die Schweiz in drei natürliche Landschaften gegliedert: den Jura, das Mittelland, die Alpen. Der Jura zweigt bei Genf von den Alpen ab und zieht sich in nordöstlicher Richtung gegen den Rhein hin. Er setzt sich ausserhalb der Landesgrenzen im Schwäbischen und Fränkischen Jura fort. Das Mittelland zieht sich vom Boden- und Untersee in ungefähr südwestlicher Richtung gegen den Genfersee hin. Es ist von vielen Hügel- und Bergketten durchzogen, welche aus charakteristischen Gesteinen des Mittellandes, aus Nagelfluh, Sandsteinen und Tonen, aufgebaut sind. Die Ablagerungen der eiszeitlichen Gletscher (Moränen) bilden teilweise den sehr fruchtbaren Überzug. Die Schweizer Alpen umfassen das mittlere und höchste Stück des Alpenbogens, der sich vom Ligurischen Meer bis an die Donau bei Wien erstreckt. Sie sind, wie der Jura, ein Faltengebirge. Ihre Gesteinsschichten, Kalke, Sandsteine, Schiefer, Granite, Gneise, sind nicht nur gefaltet, sondern auch deckenartig übereinandergeschoben.

Diese topografischen und geografischen Gegebenheiten förderten das Entstehen von vier Kultur- und Sprachräumen. Welche Unterschiede bestehen doch etwa zwischen der Westschweiz und dem Appenzellerland! Wie anders ist es im Wallis als im Bodenseegebiet, wie gross sind die landschaftlichen Unterschiede zwischen dem Emmental und dem Tessin! Wo die Landschaft, die Architektur, die klimatischen Bedingungen so verschieden sind, da sind es oft auch Brauchtum und Sprache.

Im Raum der Alemannen entwickelten sich die vielen deutschschweizerischen Mundarten, im Gebiet der ehemaligen Burgunder, in der Westschweiz, das Französische. Die Bevölkerung der Südschweiz spricht italienisch, und etwa 44000 Rätoromanen im Kanton Graubünden halten sich an das altherkömmliche, schöne Sprachgut des Romanischen.

Die landschaftliche Verschiedenheit, vom Flachland mit vielen Seen bis hinauf zu den Regionen des ewigen Schnees, die vielfältigen Einflüsse aus den verschiedensten Richtungen lassen ein ganz bestimmtes geistiges Klima, typische Eigenarten entstehen. Mentalitäten werden bestimmbar, erfahrbar. Wir müssen nur an einigen der vielen Feste, die da fallen das ganze Jahr hindurch im Land, teilnehmen. Wir begreifen dann Eigenheiten, Andersartigkeiten. Beim Brauchtum, bei den Aktivitäten der Bevölkerung in allen Landesgegenden in fast jeder Jahreszeit spielen stets Essen und Trinken eine wichtige Rolle. Wir werden darauf im Rahmen unseres Themas später noch zurückkommen.

Ein kriegerisches Völkchen

Gemeinhin gilt die Schweiz als Inbegriff der Friedfertigkeit und Stabilität. Und tatsächlich haben die Schweizer schon vor vielen hundert Jahren das Kriegshandwerk an den Nagel gehängt. Es gibt wohl kaum ein Volk auf diesem unvernünftigen blauen Planeten Erde, das so lange ohne Streit mit den Nachbarn leben konnte, wo doch gerade diese Nachbarn noch bis in die jüngste Vergangenheit sich äusserst streitbar gaben. Aber alle respektierten die friedliebende Eidgenossenschaft und deren mittlerweile sprichwörtliche Neutralität.

Aber das war nicht immer so. Im ausgehenden Mittelalter waren die Schweizer Krieger von nahezu allen Heeren Europas heiss umworben. Denn ihre wilde Kühnheit war ebenfalls sprichwörtlich. Ja, sie waren sogar ausgesprochen gefürchtet, und um ihren Ruf stand es nicht immer zum besten. Als raufende, saufende, brennende, schändende, mordende Horden zogen sie durch die Lande – gelockt vom Abenteuer, verseucht vom Geld.

Es wird oft gesagt, dass die Bevölkerungsexplosion des 14. und 15. Jahrhunderts es der jungen Eidgenossenschaft immer schwerer machte, ihre Bewohner zu ernähren. Viele seien daher gezwungen gewesen, ihren Lebensunterhalt in fremden Diensten zu fristen. Wenn auch zweifellos die Zeiten damals schwer waren und nur einen kärglichen Lebensstandard zuliessen, so konnte ein gesundes Land mit gesunden Menschen seine Kinder doch letztlich ausreichend ernähren. Es ist in diesem Zusammenhang bemerkenswert, dass die Schweizer Krieger sich vor allem aus dem Hirtenstand der Waldstätten rekrutierten. Gerade aber die hochgelegenen Alpbetriebe mit ihrer aufblühenden Milchwirtschaft waren ökonomisch relativ gut gestellt. Der „arme Hirt des Gebirgs" war rar geworden. Die tägliche ungebundene

»Der Schweizer Krieg« heisst dieser Kupferstich von Meister PW aus dem Jahre 1499. Nach der Überlieferung löste Tells Apfelschuss den Aufsta[nd] der Schweizer gegen die Habsburger aus. Meiste[r] PW schildert lebendig, wie sich die Eidgenossen hier rund um den westlichen Bodensee und am jungen Rhein – ihre Freiheit und Privilegien gege[n] Maximilian I. und den Schwäbischen Bund erkämpften. Im Frieden von Basel wurde 1499 ih[re] Unabhängigkeit bestätigt. Der Text auf dem Kupferstich lautet:

»DIS IST DER KRICH TZWICHSSEN DEM RUMICHSSEN KUNICK UND DEN SWEITZERN UND GANSE LANTSCHAFT STET SLOS UND DURFF IM SWEITZER LAND UND EIN DEIL FON SWABEN LANT UND WAIR EIN -S- STAIT GETZEICHNIT DAS IST DEN SWEITZERN UNDWORFEN DAS ANDERE DEM RICH UND DER SPRUNCK VOM REIN UND THONAW BEIDE«

(Dies ist der Krieg zwischen dem römischen Kön[ig] und den Schweizern und die ganze Landschaft: Städte, Schlösser und Dörfer im Schweizer Land und ein Teil von Schwabenland. Und wo ein S ste[ht] gezeichnet, das ist den Schweizern unterworfen, das andere dem Reich. Und der Ursprung von Rhein und Donau beiden.)

SVPPOSITA · PICTVRA · REGIE · MAIESTATIS · HELVETIORVꝫ · CŌFLICTV · INSINVAT ·
NVO · QVISꝫ · LOCO · VICTORIA · POCIT SIT · QVO · ꝫ · TERGA · PREBVERIT · HOSTI · OCVLARI ·
DEMŌSTRACIŌE · EDOCĒS · IN · QVA · QVICꝫ · HELVECIORVM · LOCO · S · LRA · PPONITVR ·
· DIS · IST · DER KRICH · TZWICHSSE · DEM RVMICHSSE · KVNICK · VND · DEN · SWEITZERN
· VND · GANSE · LANTSCHAFT · STET · SLOS · VND · DVRFE · IM SWEITZ LAND · VND · EIN
· DEIL · FON · SWABE · LANT · VND · WAIR · EIN · S · STATT · GETZEICHNIT · DAS IST · DEN SWEITZ
· VND WORFE · DAS AND DERICH · VND · DE SPRVNCK · VOM REIN · VND · THONAW BEIDE
ANS DE LEN S
RAPERSWIL
ZIRICH
ZIRICHER SE
COSTENTZ
TEGERWEIL
GOTTLEBEN
ERMATINGE
LIBENFELS
SALDACH
DER BODE SE
MAIGNO
VBERLINGEN
SCRVATINGE
DVRCH
SALMENSWILLER EIN CLOIST
P P W

Beschäftigung mit Vieh und mit Käsebereitung, seiner wesentlichsten Arbeit, die seinen Lebensrhythmus bestimmte, seinen Lebensinhalt formte, ihn bereicherte und unabhängig machte, dies war die Umweltsituation des Hirten in jener Zeit. Dies war auch der Humus, aus dem der Typus des Hirten heranwuchs, der ihn als Krieger und Raufbold schicksalhaft in das Werden der Eidgenossenschaft eingreifen liess. Reisläufer nannte man diese Gesellen, die um des Geldes wegen Frau, Kinder, Vieh und Herd verliessen. Das Wort Reise stammt übrigens aus dem althochdeutschen *reisa* und bedeutete früher nichts anderes als Heerfahrt, Aufbruch zum Kampf. Und der Reisläufer war einer, der „reissaus" nahm, der wegging, der als Söldner im fremden Dienst sein Heil suchte.

Diese Art von Soldatentum des Hirten, innerlich und grundsätzlich verschieden von dem des Bauern oder Stadtbürgers, gründete sich im wesentlichen auf kriegerischen Geist und Unabhängigkeitsdrang, urtümliche Kräfte also. Diese waren beheimatet und geübt in Knabenschaften und Männerbünden, in verbotener Selbsthilfe und Privatfehde, von Jugend an unterstützt durch Wettkampf und Waffentat, Viehraub und Jagd. Dieses urwüchsige Kriegertum eigener Prägung fand sich in bewaffneten Konflikten regelmässig zu „Blutharsten" oder „Freiharsten" zusammen. Als lockerer Verband junger Gesellen, als „verlorener hauffen" mit selbstgewähltem Hauptmann vollbrachte diese denkbar unstaatliche, jugendlich-anarchische Kriegerformation jene heldenmütigen Taten, die „gross lob und ehr irem vaterland erworben". Was in kritischen Augenblicken der vorsichtig abwägende Kriegsrat nicht wagt, erzwang opferfreudig, pflichtbewusst und tollkühn der Freiharst in seiner grossen Stunde. Vor und nach der Schlacht tobte sich aber auch die gleiche Wildheit ungelenkt in Mordlust und Beutehunger aus. In Raubzügen, in denen die entfesselten jungen Älpler neben Gebetbüchern, Kinderwindeln und Kappenzipfeln sogar mitlaufen liessen, was sie zu Hause in Hülle und Fülle hatten – Käse.

„Für die Schweizer wird der Krieg nach und nach zu einem Lebensideal. Die schrecklichen Hellebardenkämpfer fürchten niemanden. Sie beweisen dies bei Grandson, wo sie 1476 das für unbesiegbar gehaltene Heer Karls des Kühnen überrennen. Das ist ein harter Schlag für Burgund, von dem es sich nie mehr erholen sollte. Die Kriegsbeute besteht aus unermesslichen Reichtümern. Gold, Silber, Diamanten und Edelsteine füllen die Taschen, wecken die Begehrlichkeit und niedrigste Leidenschaften. Die Bauern aus Uri, Schwyz und Unterwalden kehren ihren Bergen entschlossen den Rücken und verschreiben sich nun einzig dem Waffenhandwerk. Sie stellen eine schlagkräftige militärische Macht dar, die sich in den Dienst von Fürsten und Königen begibt.

Die Söldner verdienen viel Geld und verschleudern es, ohne zu zählen. Sie belasten sich weder mit Skrupeln noch mit Vorurteilen. Kunst, Wissenschaft, Kultur interessieren sie nicht. Sie berauschen sich an Abenteuern, denen man auf Reisen oder auf Schlachtfeldern begegnet. Eigentlich ist das fast ein Rückfall ins barbarische Zeitalter der Helvetia.

Das Söldnertum bedeutet einen unaufhörlichen Aderlass an Menschen und Energien. Es höhlt die Verteidigungskraft des Landes aus, denn die rührigsten und tapfersten Männer werden mit dem Köder des Geldes aus dem Lande gelockt und ihren wirklichen Aufgaben entfremdet." (Jean-Christian Spahni)

Und während die Schweizer Krieger in Italiens, Spaniens und Frankreichs Gauen ihr Leben in die Schanze schlagen, bleibt sein Gewerbe auf der Alp, das „dem Land Gold, Silber und grosses Gut ertregt", verwaist. Viehbestände und Käseproduktion nehmen ab. Wieder sind es die Frauen, denen das Melken und Käsen obliegt. Der durch und durch kämpferische Lebensstil des ländlich-alpinen Hirten- und Kriegertums kommt deutlich zum Ausdruck im Urteil eines ausländischen Beobachters, der behauptet: „Rinder- und Schafhirten, die den Tag mit Pressen und Verdichten der Milch zubringen, die sozusagen ohne Gesetz und der göttlichen und menschlichen Dinge unkundig sind, wollen fast allen andern Gesetze vorschreiben."

Es dauert lange, bis die Reisläufer zur Vernunft zurückfinden. „Ein neues Zeitalter sollte für das Land beginnen. Plötzlich erinnern sich seine Bewohner ihrer Berge, denen sie jahrhundertelang den Rücken gekehrt hatten. Endlich begreifen sie, dass ihre Zukunft eher darin liegt, ihrem Vaterland zu dienen, als fremde militärische Abenteuer einzugehen, die früher oder später zum Scheitern verurteilt sind.

Diese Rückkehr zu den Ursprüngen ist eine Rache der Natur. Die Schweizer fallen von einem Extrem ins andere, blicken nicht mehr nach draussen und empfinden plötzlich eine tiefe Zuneigung für jene Orte, welche die wirklichen Geburtsstätten ihrer Kultur waren und auch geblieben sind. Das Gebirge wird zum Mittelpunkt aller Tätigkeiten. Es wird gefeiert, verherrlicht und besungen." (Jean-Christian Spahni)

CLUB
DES

Zweimal Schwingen, doch welch ein Unterschied! Ist das Fahnenschwingen (rechts unten) noch allgemein bekannt, so steht der Nichtschweizer dem Ringkampf in sogenannten Schwinghosen meist ratlos gegenüber. Dieser eidgenössische Nationalsport wird schon im Jahre 1235 urkundlich erwähnt und erfreut sich auch heute noch ungebrochener Beliebtheit. Zu Tausenden strömen die Zuschauer zu den zahlreichen Schwingfesten, die in der wärmeren Jahreszeit im ganzen Land veranstaltet werden.

Von der Alp- zur Eidgenossenschaft

Wie man weiss, geistert das verdrehtverklärte Bild vom typischen Schweizer immer noch in ausländischen Köpfen und Gazetten herum. Der Schweizer kann selbstverständlich jodeln, Fahnen schwingen, melken und in seinem Chalet abwechslungsweise Käse oder Uhren fabrizieren. Wir lächeln darüber und verfallen doch dem gleichen Irrtum, wenn wir uns den Eidgenossen von 1291 aus dem „Volk der Hirten" ähnlich vorstellen. Aber dieses einseitige Bild ist falsch. Obwohl die Germanen und Helvetier der Römerzeit schon Milchwirtschaft betrieben hatten, waren Viehzucht und Sennerei vor Beginn der Eidgenossenschaft in unserem Lande ohne grosse Bedeutung. Ziger und wenige Käslein, meist von Frauen aus Schaf- und Ziegenmilch gewonnen, bildeten nur einen Zuschuss zur damaligen Hauptnahrung, nämlich zum Getreide, zum Haferbrei und Roggenbrot. Dennoch spielte der Käse im wirtschaftlichen Aufbau des ausgehenden Mittelalters und der beginnenden Neuzeit eine erfolgreiche und wichtige Rolle.

Grundlage und Einheit des frühen Wirtschaftslebens waren die Genossame, die Gemeinschaften. Wildwasser und Lawinen konnten nicht vom einzelnen gebannt, Wuhren und Bannwälder nicht vom Privatmann allein errichtet werden. Was ein einzelner Senn an täglicher Milch gewann, reichte wohl für Butter und Weichkäse, wollte er aber auch grössere, ex-

»Von schneeweissen Bergen umrahmt, mit goldenen Auen und silbernen Seen ausgefüllt ist dieses Land«, rief ein Amerikaner aus, als er zum erstenmal die Schweiz besuchte. Man kann ihn verstehen, den Touristen aus der Neuen Welt, angesichts dieser traumhaften Stimmung von den Rochers-de-Naye aus über den Genfersee gesehen.

Die Schweizer wissen natürlich, was Käse einerseits und Tourismus andererseits für das Land bedeuten. Was lag also näher, als beides miteinander zu einem Älplerfest zu verbinden, so wie dies alljährlich im September im Justistal hoch über dem Thunersee geschieht. Die im Laufe des Sommers von den Sennen hergestellten Käse werden – oft mit speziellen Tragegestellen auf dem Rücken – zu drei Holzhütten gebracht, wo der Käse gelagert wird. An einem Tag im September ist es dann soweit, und die Chästeilet *zieht zahlreiche Besucher ins Justistal. Nach genau festgelegtem Reglement verteilt nun der Meistersenn die Laibe an die Besitzer der Kühe. Danach klingt der Tag mit einem Festschmaus aus.*

26
S.13.
S.15.
S.2.

portfähige Käselaibe herstellen, so war er auf die Gemeinalp, auf die Alpgenossenschaft angewiesen.

Die Alpgenossenschaften, ausgesprochene Kooperationen und Vorläufer unserer modernen Genossenschaften, stellten eine Mittelform zwischen gemeinschaftlichem und privatem Besitz dar. Der Anteil des einzelnen am gemeinsamen Alpbesitz wurde nicht nach Fläche, sondern nach „Kuhrechten", „Stössen" oder „Kuhesset" bestimmt. Wer viele dieser Sömmerungsrechte für je eine Kuh besass, musste sich an der Instandhaltung der Alp entsprechend beteiligen. Ohne „dicke und fette Stösse und Misshelligkeiten" lief es aber bei der Gründung und Organisation der Alpgenossenschaften selten ab. Oft mussten zuvor in zähen Verhandlungen oder mit Gewaltdrohung die geistlichen und weltlichen Zinsleistungen abgelöst werden.

„Alp- und Seybücher", notwendige Stützen herkömmlichen Brauches, hielten Rechte und Pflichten fest. Das älteste solche Alpbuch der Schweiz soll aus dem Jahre 1423 stammen. Die weitere Entwicklung sei hier nur angedeutet: Die neue Käsereitechnik Ende des 16. Jahrhunderts, besonders die Herstellung des Sbrinz oder Spalenkäses, erforderte eine Mindestzahl von etwa dreissig Kühen, und seit der Export immer grössere Ansprüche stellte, vor allem einen tüchtigen Küher, sozusagen einen Berufskäser. Käserkunst und gute Marktlage konnten indes die Nachteile des gemeinsamen Besitzes nicht wettmachen. Privatalpen mit genügendem Viehbestand, vollends aber die gegen Alpzins an Sennen verpachteten „Kapitalistenalpen" oder „Aktienalpen" konnten rationeller bewirtschaftet werden.

Die Zusammenschlüsse der alpinen Talgesellschaften zu Mark-, Allmend- und Alpgenossenschaften sind uralt, einige sind älter als die Eidgenossenschaft selbst. Die ehrwürdigste, früheste und zäheste besteht heute noch unter dem Namen „Oberallmein-Korporation des Bezirkes Schwyz". Solche Genossenschaften, private Verbände also, standen am Ursprung unseres Staates. Ihr Prinzip: genossenschaftlich, gemeinnützig, Rechte und Pflichten allen übertragend, demokratisch, ist unserer Staatsform zu Gevatter gestanden.

Von Emmental nach Greyerz

Schweizer Käse ist – wie jedermann weiss – weltberühmt. Es sind nicht nur die klimatisch ausgeprägten Bedingungen, die in würziger und frischer Bergluft aus der Milch von gesunden Kühen ein erstklassiges Qualitätsprodukt reifen lassen, es ist auch eine viele hundert Jahre alte Tradition des Käserhandwerks, das in der Schweiz mit Sorgfalt und Akribie gepflegt und bewahrt wird.

Schon die alten Römer wussten den Käse der Helvetier zu schätzen, und sie holten ihn in beträchtlichen Mengen über die Alpenpässe. Das, was die Helvetier damals herstellten, war wohl eine Art Emmentaler, der somit auf eine zweitausendjährige Tradition zurückblicken kann.

Aber zu jener Zeit gehörte Käse dennoch zu den Raritäten auf dem Speisezettel, denn sogar in Berglagen, wie etwa im Melchtal oder im oberen Schächental, kam einst für den Ackerbau mehr als die Hälfte des fruchtbaren Bodens unter den Pflug. Obwaldner Bauern brachten überschüssiges Korn auf den Markt nach Luzern, Schwyzer gelegentlich das ihre über den See nach Zug. Bei solch intensivem Kornbau blieb zu wenig Platz, um Winterfutter für grosse Viehbestände einzubringen.

Der erfolgreiche Abwehrkampf der Schweizer am Morgarten (1315) und vor allem der glänzende Sieg über das österreichische Ritterheer bei Sempach (1386) brachten neben der politischen Entscheidung auch eine bedeutsame Stärkung der Alpwirtschaft. Weite Kornkammern des Mittellandes waren jetzt gesichert, der mühsame Ackerbau in den Hochtälern konnte aufgegeben werden. Statt dessen lieferten nun hier die Grasflächen das nötige Winterheu für die Viehherden der Alp. Der wirtschaftliche Schwerpunkt verlagerte sich vom Talboden auf die Hochalp, auf die neu gerodeten Alpweiden. Der Kornbauer wurde Senn, wurde Küher. Melken und Käsen, früher von Frauen ausgeübt, wurde Männerarbeit. Die Eidgenossenschaft teilte sich von da an wirtschaftlich in zwei Gruppen: in ein Bauern- und in ein Hirtenland. Das Hirtenland umfasste vor allem die Waldstätte, das Entlebuch, das Oberemmental, das Berner Oberland und die Grafschaft Greyerz. Hier entstehen bis zum heutigen Tag die bekanntesten Käse der Schweiz.

Die Schweiz besass und besitzt immer noch in Europa sicher mit das beste Weideland und die gesündesten Viehherden. Mit der verkehrsmässig zentralen Lage nahm die Käseherstellung vom 17. Jahrhundert an einen gewaltigen Aufschwung und legte einen der Grundsteine für den Reichtum des Landes. Die Nachfrage nach Schweizer Käse war so gross, dass die Alpsennen ihr nicht mehr nachkommen konnten. Eine erhöhte Produktion bedeutete grössere Viehherden und somit neue Weideflächen. Die hochgelegenen Alpen reichten hierzu nicht mehr aus, und so wanderte die Käseproduktion zwangsläufig tiefer in die Täler. Im Jahre 1815 entstand in Kiesen zwischen Bern und Thun die erste Dorfkäserei, die heute ein kleines Museum beherbergt, in der die alten Gerätschaften noch zu besichtigen sind.

Wie es so ist im Wirtschaftsleben – das glänzende Geschäft, das die Schweizer mit ihrem Käse machten, blieb anderen Nationen nicht verborgen, und so gab es bald zahlreiche Nachahmer. Wenn auch die Eidgenossen nach wie vor mit Stolz und vielleicht auch mit Recht behaupten, dass ihr Käse unnachahmlich sei, so war das Monopol doch gebrochen. Heute wird „Emmentaler" auch in Deutschland, Frankreich, Österreich, Finnland – ja selbst in Argentinien, Australien und den USA hergestellt. Das Nahrungsmittel Käse, neben den Uhren ein Synonym für Schweizer Handelsprodukte, macht heute nur noch rund ein Prozent des Schweizer Gesamtexports aus.

Um so mehr legen die Schweizer Wert auf den Qualitätsstandard ihres Käses. So tragen alle

Käse gehört zu den wichtigsten Exportgütern der Schweiz. Seine Herstellung blickt auf eine lange und bis an den heutigen Tag sorgfältig bewahrte Tradition zurück. Und doch werden Bilder wie die hier gezeigten wohl bald und endgültig der Vergangenheit angehören. Wir sehen einen der wenigen Sennen, die den Bergkäse noch vollständig nach überlieferter Art herstellen. Die Fotos entstanden auf der Schwägalp im Kanton Appenzell und zeigen den Sennen Jakob Schiess aus Hundwil bei den einzelnen Arbeitsstationen des Käsens.
Man kann sich schon vorstellen, daß ein solcher Bergkäse ganz besonders delikat schmeckt, und gönnt dem tüchtigen Sennen nach getaner Arbeit gerne sein Pfeifchen.

original Schweizer Käselaibe das Markenzeichen „Switzerland" in Form radförmiger Speichen aufgedruckt. Eine erst vor kurzem vom früheren Vorsteher des Volkswirtschaftsdepartementes, Bundesrat Hans Hürlimann, herausgegebene Verordnung soll die Käsesorten der Schweiz noch besser abgrenzen und schützen. Danach besteht nun endlich Klarheit, wie lange ein Käse zu reifen hat, wie gross und schwer der Laib sein darf, welche Form und welche Grösse die Löcher haben müssen und wie die Farbe des Käseteigs beschaffen sein muss. Von Fettgehalt bis Festigkeit erhält nun der Interessent amtliche Auskunft bis ins Detail.

Appenzeller Käse zum Beispiel darf nur winzige Löchlein „von drei bis vier Millimeter Durchmesser" haben, und diese sollen „eher spärlich, gleichmässig verteilt" im sechs bis acht Kilogramm schweren Laib vorhanden sein. „Der Teig hat schnittfähig, elfenbeinfarbig bis hellgelb und der Geschmack würzig zu sein." Sbrinz aus den Bergkantonen und dem Mittelland weist „keine oder nur vereinzelt 0,5 Zentimeter grosse Löcher" auf. „Der Teig des Sbrinz ist reib-, hobel- und schnittfähig."

Der Glarner Kräuterkäse, der Schabziger, ist „würzig, ausgesprochen pikant". Eine aktive und geschickte Werbung tut ein übriges, dem Schweizer Käse seinen glanzvollen Ruf zu erhalten.

Erzählen wir nun noch etwas über die drei wohl bekanntesten Schweizer Käse, Sbrinz, Greyerzer und Emmentaler, im einzelnen:

Woher der **Sbrinz** seinen Namen hat, darüber waren sich die Gelehrten lange Zeit nicht einig. Neueste Forschungen haben ergeben, dass der Begriff Sbrinz sehr wahrscheinlich gleichen Ursprungs ist wie das rumänische Wort *brinza*, Bezeichnung für eine Art Schafkäse, welche um 1397 in Ragusa *brenza* genannt wurde, auf italienisch aber *sbrinzo* hiess. Als nun vom Haslital her unser Käse über die Alpenpässe nach Italien gesäumt wurde und dort ein beliebtes Tauschobjekt abgab für Gewürze, Kastanien und Wein – rund vierhundert Jahre sind es her –, da erhielt der Käse kurzerhand den Namen Sbrinz.

Der Sbrinz wird in der Innerschweiz, hauptsächlich im Kanton Luzern, doch auch in den Kantonen Unterwalden, Schwyz und Zug aus vollfetter Kuhmilch hergestellt. Er enthält in der Regel 46 bis 52 Prozent Fett in der Trockenmasse. Die 20 bis 40 Kilogramm schweren Laibe, die höchstens vereinzelt stecknadelkopfgrosse Löcher aufweisen dürfen, werden während einer Reifezeit von zwei bis drei Jahren in speziellen Gestellen gelagert und gepflegt.

Der Sbrinz ist ein Hartkäse, vollfett und enthält genau wie das Milchfett die fettlöslichen Vitamine A, D, E und K und das Provitamin A, das Carotin, das dem Käse seine natürliche gelbe Farbe gibt. Besonders wichtig sind die im Sbrinz sehr reichlich vorkommenden Eiweiss-Bausteine. Zudem wird im Sbrinz infolge der langen Lagerung das Kasein weitgehend abgebaut, so wird er selbst für empfindliche Mägen leicht verdaulich. Viele Gerichte im Rezeptteil dieses Buches verwenden diesen Hartkäse.

Der **Greyerzer,** in der französischen Sprache **Gruyère,** ist einer der ältesten bekannten Hartkäse überhaupt. Seine Heimat ist die Grafschaft Greyerz, die fruchtbare Gegend am Rande der Freiburger Alpen. Der früheste Nachweis über Käseherstellung im Greyerzer Gebiet findet sich in einer Urkunde des Grafen Guillaume, erster Graf von Gruyère. Diese datiert aus dem Jahre 1115 und handelt von Produktzuwendungen der Greyerzer Alpen an das Kloster Rougemont. In der Urkunde ist erwähnt, dass das Kloster unter anderem die Sennhütten unterhalten müsse und die nötigen Käsekessel, Siebe und Käseformen zu liefern habe. Die früheste urkundliche Benennung des Käses aus dieser Region mit Gruyère findet sich anno 1602. Damals offerierte die Regierung von Freiburg (Fribourg) den Delegierten der französischen Botschaft vierzehn Laibe Gruyère als Geschenk.

Rund um den Globus bekannt ist der **Emmentaler,** im Ausland oft schlicht und einfach Schweizer Käse genannt. Um einen Emmentaler Laib von 80 bis 85 Kilogramm herzustellen, benötigt der Käser rund 1000 Liter Milch. Diese Menge entspricht der durchschnittlichen Tagesproduktion von 80 Kühen. Für ein Kilogramm dieses Hartkäses braucht man also rund zwölf Liter Milch.

Wie entsteht nun so ein Laib Emmentalerkäse? Die frische Milch wird in einem grossen Käsekessel mit Rührwerk während etwa zwanzig Minuten gleichmässig auf 32 bis 33 Grad Celsius erwärmt, worauf ihr der Käser in Wasser aufgelöstes Lab und Bakterienkulturen beimengt. Das Lab ist ein Ferment, das aus der Magenhaut von jungen Kälbern gewonnen wird. Innerhalb von dreissig Minuten gerinnt die Milch zu einer joghurtähnlichen Masse, die nun vom Käser mit der Käseharfe, einem mit Draht bespannten Rührinstrument, während einer dreiviertel Stunde nach genau festgelegtem Rhythmus in möglichst gleichmässige Stücke, sogenannte Käsekörner, zerschnitten wird. Dabei trennt sich der wässerige Teil, die Sirte, von der Käsemasse ab. Sirte und Käsekörner werden anschliessend innert dreissig Minuten auf 53 Grad erhitzt und nochmals eine dreiviertel Stunde lang vom Rührwerk in Bewegung gehalten. Ungefähr zweieinhalb Stunden nach dem Einlaben wird die Käsemasse mit einem grobgewobenen Hanftuch zum Abtropfen aus dem Kessel gehoben und in einem 18 Zentimeter hohen Holzreif, dem Järb, unter die Presse gebracht. Der nun geformte Laib wird im Laufe des Tages mehrmals gewendet und mit zunehmendem Druck gepresst.

Am folgenden Morgen gelangt er in den Salzkeller, wo er vorerst mit Salz bestreut wird. Nach rund zwanzig Stunden, wenn der junge Käselaib vollständig erkaltet ist, wird er in ein stark konzentriertes Salzbad gelegt und anschliessend während zehn Tagen auf runden Holzdeckeln im kühlen Salzkeller gelagert.

Im warmen und feuchten Gärkeller entsteht durch die Gärung gewisser Milchbestandteile Kohlensäuregas, das sich teilweise im Käseteig ansammelt. Dadurch bilden sich die berühmten Löcher im Emmentalerkäse, die Kurt Tucholsky zu der Frage bewegten: „Wo kommen denn die Löcher im Käse her?“ Tucholsky fand keine ihn überzeugende Erklärung – zumindest in literarischer Hinsicht –, und so stellte er kurz und bündig fest: „Ein Loch ist, wo nichts ist.“ Nun – wir wissen es natürlich besser. Je ausgeglichener der Prozess verläuft, desto schöner und gleichmässiger wachsen die Löcher. Der Vorgang dauert acht bis zwölf Wochen. Das letzte Stadium der Reife geht im kühlen Reifekeller vor sich. Emmentaler ist nach vier Monaten konsumreif, aber noch mild. Für eine mittlere Reife rechnet man fünf bis sechs Monate. Gut ausgereifte Laibe sind noch älter.

Wir können an dieser Stelle im einzelnen nicht auf alle Schweizer Käsesorten eingehen. Einige von ihnen, so der Glarner Schabziger, der Appenzeller oder der Walliser Raclettekäse, werden uns im Rezeptteil dieses Buches noch begegnen. Wer Tête de Moine, Tomme oder Vacherin kennenlernen möchte, der unternehme eine eigene kulinarische Reise in die schöne Schweiz oder ganz einfach in sein Delikatessengeschäft.

Nächste Doppelseite: Als Skiparadies präsentiert sich die Schweiz hier bei Untersäss/Klosters im Kanton Graubünden.

Bacchantische Genüsse zwischen Wallis und Tessin

Zum guten Essen gehört ein guter Wein. Beides kann die Schweiz bieten. Wenn auch ihr Wein nicht gar so berühmt ist wie der Weisse vom Rhein oder der Rote aus Frankreich, denn zu den absoluten Spitzenerzeugnissen fehlen der Schweiz die Rieslingreben, die nur wenig angepflanzt werden, oder die klimatischen Bedingungen – alles in allem aber weist der Schweizer Wein ein beachtliches Niveau auf. In diesem Zusammenhang sei auch darauf hingewiesen, dass sich der Schweizer Wein bescheiden gibt und es gar nicht nötig hat, durch ein Brimborium von zusätzlichen Etikettenschleifchen, Preismarken und phantasievollem Lagenwirrwarr Lobhudelei zu betreiben. Diese in manchen Weinnationen schon fast auswüchsigen Methoden im Kampf um Marktanteile können sich die Schweizer ersparen, denn die durchschnittlich rund eine Million Hektoliter Wein, die pro Jahr gekeltert werden, werden fast durchweg im eigenen Land getrunken.

Der Schweizer Rebbau ist alt und dürfte schon während der römischen Herrschaft über die Helvetier eine gewisse Bedeutung gehabt haben. Jedenfalls fand man bei Brugg in den Resten eines römischen Heerlagers ein kleines Hölzlein, das eindeutig von einer Edelrebe stammt und rund 2000 Jahre alt sein dürfte. In den ersten Jahrhunderten unserer Zeitrechnung verbreiteten die Römer den Weinbau ja

Berühmt sind die Engadiner Steinhäuser mit ihren oft prachtvoll bemalten oder mit der Kratztechnik des Sgraffito verzierten Häuser. Dieses am reichsten bemalte Haus im Engadin – das Haus Claglüna – steht in Ardez. Die Geschichte des Sündenfalls wurde 1647 gemalt, 1707 folgte dann die Ausschmückung der Doppelerker.

DUMENG CLALGUNA
LUZI ET ION CLAV ET IA
CHEN SEIS FILGS · A° 1647 ·
QUID SIS QUID FUERIS QUID ERIS
SEMPER MEDITERIS
SIC MINUS ATQUE MINUS
PECCATIS SUBYCIERIS

Octobre

bekanntlich über ihr ganzes nördliches Herrschaftsgebiet, und auch im Rhonetal wurde er nun intensiv betrieben. Im 9. Jahrhundert n. Chr. erlebte der Schweizer Wein einen ersten Höhenflug. Vor allem die Klöster schätzten nun den Rebensaft nicht mehr nur für religiöse Zwecke, sondern zogen ihn dem selbstgebrauten Bier mehr und mehr vor.

Mit dem allgemeinen Anstieg des Lebensstandards im ausgehenden Mittelalter wurde Wein auch für die normale Bevölkerung erschwinglich. Um die sprunghaft steigende Nachfrage decken zu können, wurden nun überall Weinberge angelegt, auch in Lagen, die für die Reben denkbar ungeeignet waren. So sollen im Urnerland und in Schwyz in jener Zeit Weine gekeltert worden sein, die so sauer waren, dass man sie dreissig Jahre lang lagern musste, bevor sie einigermassen trinkbar wurden.

Unter Schwankungen setzte sich der Beliebtheitsgrad des Weines bis ins beginnende Industriezeitalter fort, denn auch der gewöhnliche Arbeiter konnte sich nun sein Glas Wein leisten. Diese Entwicklung führte zwangsläufig zu rücksichtslosem Quantitätsanbau, auch in schlechten Lagen und mit minderwertigen Rebsorten. Das konnte nicht gutgehen, und nach der grössten jemals registrierten Rebfläche in der Schweiz mit 34380 Hektar im Jahre 1884 ging es mit dem Weinbau steil bergab. Die Konsumenten waren mit der Massenqualität nicht mehr zufrieden, kleine und kleinste Weinberge waren nicht mehr rentabel zu bewirtschaften,

Weinprobe im Keller des »Office des Vins Vaudois« in Lausanne. Hier darf der Waadtländer Wein noch in Holzfässern mit kunstvoller Bemalung reifen. Vorherrschend in dieser Region ist der Weisswein, und hier wiederum dominiert eindeutig die Chasselas-Traube, die auch unter der Bezeichnung Gutedel bekannt ist. Alle Weine aus dieser Traube und im Waadtland gewachsen dürfen den geschützten Namen »Dorin« tragen.

Nächste Doppelseite: Immer wieder findet man den Schweizer Rebbau von einer großartigen Landschaftskulisse umgeben, wie etwa hier in den Weinbergen oberhalb des Schlosses von Spiez am Thunersee.

und Rebkrankheiten, um die Mitte des 19. Jahrhunderts eingeschleppt, taten ein übriges. Nachdem die Verbraucher zu allem Überfluss auch noch von zahlreichen Panscherskandalen verunsichert wurden, wandten sie sich wieder bevorzugt dem altehrwürdigen Bier zu.

Nach dieser unruhigen Phase im Schweizer Rebbau wurden dann die Weichen für eine stabile Zukunft durch das Weinstatut von 1953 gestellt. Die Anbauflächen pendelten sich bei etwa 13000 Hektar ein und konzentrierten sich auf die besten Lagen, die geeignetsten Sorten wurden gezielt angepflanzt, und eine sorgfältige und kontrollierte Behandlung des Weines sicherte ein hohes und gleichbleibendes Qualitätsniveau.

Wenden wir uns nun noch ein wenig den Weinbaugebieten der Schweiz im einzelnen zu. Die Westschweiz erzeugt den grössten Anteil an Schweizer Weinen, davon etwa drei Viertel weiss, ein Viertel rot. Herausragende und verbreitetste Rebsorte ist der Gutedel, der früh reift, gute Erträge bringt und einen ausgeglichenen frischen, mundigen Wein kredenzt.

Beim Stichwort Gutedel stossen wir übrigens auf eine bemerkenswerte Eigenart der Schweizer Weine und ihrer Namen. Im Wallis trinken Sie schlicht und einfach einen *Fendant,* im Genfer- und Neuenburgerseegebiet begegnet Ihnen der *Chasselas,* im Waadtland der *Dorin,* in Neuenburg und am Bielersee der *Twanner* und *Schafiser* – und immer ist es der gleiche Wein aus Gutedeltrauben, natürlich mit geschmacklichen Varianten, beeinflusst von Lage, Klima und Ausbau.

Wenn Sie beispielsweise einen *Johannisberg* auf der Weinkarte entdecken, ist es nicht etwa der berühmte Riesling aus dem Rheingau zu einem sagenhaft niedrigen Preis, sondern ein Silvanerwein aus dem Wallis.

An Rotweinen kann die Westschweiz Beachtenswertes bieten, denn die edlen Blauburgunder- (Pinot noir) und Gamay-Trauben finden hier ideale Bodenbedingungen vor. Bekannt und beliebt ist vor allem der Walliser *Dôle,* der nichts anderes ist als ein harmonischer, streng kontrollierter Verschnitt aus beiden Sorten.

Wie gesagt, Lagenbezeichnungen findet man selten, im allgemeinen wird die Region und die Rebsorte auf dem Etikett genannt. Eine Ausnahme macht da vielleicht das Waadtland, von dem wir doch einige berühmte, enger eingegrenzte Anbaugebiete mit Weinbergslagen kennen, so zum Beispiel Aigle, Yvorne, Dézaley oder La Côte. Auch hier beherrscht die Gutedeltraube zu vier Fünftel das Geschehen.

In den Kantonen Neuenburg und Bern wird dem Gast und Kenner übrigens eine Eigenart des Weines begegnen, der sogenannte *Sternliwein.* Es handelt sich um Weisswein, gelegentlich auch Pinot noir als Rosé, Œil de Perdrix (in Neuenburg), der schon vor Ende der Gärung von der Hefe genommen und auf Flaschen gefüllt wird. Dadurch verbleibt dem Wein ein Teil seiner natürlichen Kohlensäure, und beim Einschenken ins Glas bildet sich das berühmte Sternchen. Ähnliches gilt übrigens auch für einige Blauburgunder-Weine aus der Gegend um Maienfeld in Graubünden.

Zur Ost- und Nordschweiz hin nimmt der Weinbau naturbedingt ab, jedoch hat das Gebiet um den Zürichsee beispielsweise recht ansprechende Tropfen zu bieten. Früher war hier der Rebbau noch stark verbreitet und umfasste über das zehnfache der heutigen Fläche. Und in den Annalen von 1865 wird sogar ein Jahrhundertwein gepriesen mit den Versen:

Ryffe und Schnee
badet Buebe im See,
rifi Chriesi und blüende Wii,
s'isch alles i eim Meie gsi.

Weit über die Hälfte der Reben dieser Region sind Blauburgunder-Trauben, aber auch die Sorte Riesling × Silvaner (Riesling mal Silvaner) ist hier mit fast 30 Prozent gut vertreten. Besonders interessant und eigentlich auch seltsam ist, dass diese Sortenkreuzung in Deutschland weit verbreitet ist unter dem Namen Müller-Thurgau. Und eben dieser Herr Dr. Hermann Müller aus dem Kanton Thurgau, ein Schweizer also, war es, dem vor ziemlich genau hundert Jahren die widerstandsfähige Neuzüchtung gelang, der man einen „süffigen,

In der Regel gedeihten Trauben am besten in Höhen von 100 bis 400 Meter. Die Schweiz verfügt jedoch über einige klimatisch besonders bevorzugte Weinbaugegenden, wie etwa im Wallis, wo die Rebe bis zu 800 Meter Seehöhe angepflanzt wird. In einer solchen Höhe ist es natürlich besonders wichtig, die Rebstöcke vor Frost zu schützen, und so entstand dieses graphisch reizvolle Bild.

harmonischen, sehr blumigen und meistens milden" Wein nachsagt.

Im sonnigen Tessin finden wir fast nur Rotweine vor auf einer Gesamtfläche von 900 Hektar, also nicht gerade viel. Nur hier wird die Merlot Traube angepflanzt, die einen spät reifenden, aber sehr gehaltvollen und lagerfähigen Wein hervorbringt. In fast jedem Tessiner Lokal oder Grotti können Sie übrigens einen „mezzo litro di nostrano" bestellen, was nichts anderes bedeutet als einen halben Liter des „Unsrigen". Der Nostrano ist meist hausgekeltert und besteht aus mehreren Traubensorten – so wie eben der Wein im Weinberg wächst, und es sind sicher mit die bekömmlichsten und am wenigsten verfälschten Weine, die als Nostrano auf den Tisch kommen.

In Graubünden trinkt man zur Spezialität des Kantons, dem Bündnerfleisch, den Veltliner. Dieser Rotwein ist ein Verschnitt aus Chiavennasca-, Blauburgunder- und Merlot-Trauben, also keineswegs identisch mit der gleichnamigen Rebsorte aus Österreich. Der Weinertrag aus dem heute italienischen Veltlin (Valtellino), das bis 1797 zu Graubünden gehörte, wird fast vollständig in die Schweiz exportiert. Auch im südlichen Puschlav (Val di Poschiavo) wird Veltliner gekeltert.

Natürlich konnten wir im Rahmen dieses Buches die Schweizer Weine nur streifen. Es gibt von den einzelnen Weinbauregionen noch viele, zum Teil seltene und alte Spezialitäten, und ich kann nur den guten Rat mitgeben: Trinken Sie stets den Wein, der an Ort und Stelle wächst. Dort wird er Ihnen am besten munden. Schweizer Weine sind ehrlich, fast immer durchgegoren und bekömmlich. Kurzum – liebenswert, wie die Landschaft, in der sie wachsen.

Essen und Trinken hält Leib und Seele zusammen

Für die kulturelle und gesellschaftliche Entwicklung des Menschen spielte natürlich die Nahrung eine grundlegende Rolle. Das kommt in vielen Redensarten, Sprichwörtern und Bräuchen zum Ausdruck, Dokumente und Fundstücke aus frühen Zeiten weisen darauf hin.

„Iss und trink, Chind, ässe und trinke isch s'Bescht gäge en grosse Seeleschmärz", sagte ein alter, lebenserfahrener Mann zu seinem weinenden Kind beim Leichenmahl. Das im bündnerischen Münstertal geläufige Sprichwort „Do avair bain mangià e bain bavü, Satanas nun es plü" (nachdem man gut gegessen und getrunken hat, ist der Satan nicht mehr) steht in auffälligem Gegensatz zu mönchisch-asketischen Maximen. Das Sprichwort „Liebe geht durch den Magen" kennen wir alle, und „Wie einer isst, so schafft er", hört man oft in Bauern- und Handwerkerkreisen sagen.

Das volkstümliche Denken geht noch heute teilweise davon aus, dass die Nahrung den ganzen Menschen beeinflusst, dass der Mensch ist, wie er isst. Ohne Zweifel besteht eine innere Verwandtschaft zwischen dem Glauben des Kannibalen, welcher mit dem Fleisch seines

Essen und Trinken steht natürlich immer im Mittelpunkt der zahlreichen Älplerfeste und Märkte in der Schweiz. Die obere Reihe zeigt Stimmungen von einem Älplerfest auf der Moosalp im Kanton Waadt, unten links eine Szene vom Markt in Vevey und unten Mitte und rechts Bilder von dem berühmten Berner Zibelemärit, *der alljährlich Ende November veranstaltet wird.*
Nächste Doppelseite: Die gute alte Bauernstube – Inbegriff und Prunkstück ländlicher Kultur. Gemütlichkeit, Geborgenheit gehen von dieser Wohnstube in der Geigenmühle in Neerach im Kanton Zürich aus.

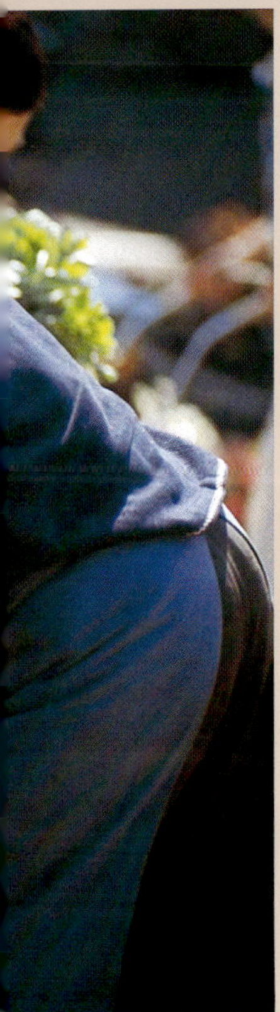

Opfers sich dessen Kräfte anzueignen meint, und der Auffassung des Arbeiters oder Bauern, welcher behauptet, das Schaf- und Kalbfleisch gebe ihm keine Kraft, es mache ihn eher schlaff, oder der Mutter, welche befürchtet, ihr Säugling werde ihr entfremdet, wenn er mit Tiermilch oder mit der Milch einer anderen Frau ernährt werde.

„Chi mangia erba, dvainta bescha" (wer Gras isst, wird ein Schaf), lautet ein Engadiner Sprichwort, welches nicht nur in übertragener Bedeutung eine volkstümliche Überzeugung ausdrückt. Die wilden Männchen oder Fänggen der alpinen Volksüberlieferung wurden deshalb so gemsenflink, weil sie sich von Gemsenmilch nährten. Noch heute behaupten Bündner Gemsjäger, man müsse das Blut der frisch erlegten Gemse trinken, um das Auge und die Schnelligkeit des Tieres zu gewinnen. Aberwissen und naturwissenschaftliche Spekulation der Aufklärung mischen sich in der von Reisenden des 18. Jahrhunderts zum Ausdruck gebrachten Meinung, dass der Käse- und Zigergenuss die Bewohner gewisser Alpengegenden melancholisch mache.

Eine weit grössere Bedeutung als heute hatte in früheren Zeiten das gemeinschaftliche Essen, resultierend aus dem Glauben an die sympathetische Wirkung der Nahrung. In manchen Gegenden galt das gemeinsame Essen eines Apfels oder eines Stückes Brot (so schon in der römischen *confarreatio*) als rechtsverbindlicher Verlobungsritus. Anderswo musste das Hochzeitspaar zeremoniell aus der gleichen Schüssel essen. Das Trinken aus demselben Glas bindet nicht nur Verliebte, sondern es ist auch althergebrachter Bruderschafts- und Freundschaftsritus, welcher abgeblasst in unseren Trinksitten fortlebt, besonders im „Gesundheitmachen" aus demselben Glas, wie es im letzten Jahrhundert noch Brauch war, oder im „Anstossen", wobei sich wenigstens die Gläser berühren.

Essen und Trinken war und ist im Alltag und bei Festen eines der wichtigsten gemeinschaftsbedingten und gemeinschaftsfördernden Brauchelemente. Das Gefühl der Zusammengehörigkeit entsteht heute in den meisten Fällen auch ohne den Glauben an die verbindende Wirkung der Nahrung, allein durch das räumliche Nahesein der Tischgemeinschaft und durch die belebende Wirkung von Speise und Trank. Schon der engste Gemeinschaftskreis, die Hausgemeinschaft, tritt alltäglich als Tischgemeinschaft in Erscheinung. Dazu gehören nach gutschweizerischer Sitte in Stadt und Land auch die Bediensteten und Angestellten. Besonders in altbäuerlichen und bürgerlichen Häusern gehen die gemeinsamen Mahlzeiten in brauchmässiger Ordnung vor sich, ja in zeremonieller Feierlichkeit. Diese wird betont durch die Sitte des Tischgebetes, welche in ländlichen Gegenden erst seit der zweiten Hälfte des letzten Jahrhunderts in Zerfall geraten ist. Jedermann hatte am Tisch den seiner Stellung in der Hausgemeinschaft entsprechenden Platz. Die gemeinsame Schüssel, welche zu gleichmässigem und rücksichtsvollem Essen zwingt, wobei sich jeder in seinem Bereich halten muss wie bei der berühmten „Kappeler Milchsuppe", ist das Sinnbild der Tischgemeinschaft. Wenn der Hausvater den Löffel ablegt, ist die Mahlzeit zu Ende. Dieses gemeinsame Essen aus einem Topf hat übrigens in unserer Zeit eine Renaissance erfahren durch die weite Verbreitung der Fondueessen.

Bezeichnend für die allgemeine Auflösung des altvolkstümlichen Gemeinschaftsgeistes ist der aus der Oberschicht stammende Brauch, jedem seinen eigenen Teller zu geben. Erst im 18. Jahrhundert wurden Tischtuch und gar Servietten eingeführt.

Noch heute gilt in bäuerlichen und bürgerlichen Kreisen der Brauch, dass ein Besuch oder ein neues Mitglied der Hausgemeinschaft beim Eintritt in das Haus etwas essen und trinken muss, und diese Gastfreundschaft musste erwidert werden, ohne Rücksicht darauf, ob nun ein Bedürfnis danach vorliege oder nicht. Das Essen ist hier reiner Gemeinschaftsbrauch und Aufnahmeritus. Die Ablehnung des Gebotenen gilt als Ablehnung der Gemeinschaft, als Beleidigung. So können Besuche in ländlichen Gegenden durch den Zwang zu übermässiger Nahrungsaufnahme sogar zur Qual werden.

Bei Hochzeiten, Taufen oder Begräbnissen schliesst sich auch der grössere Familienkreis zur Speisegemeinschaft zusammen. Das Totenmahl hatte ursprünglich nicht nur den Sinn, die Lebenden zu vereinigen, sondern auch die Gemeinschaft mit dem Toten herzustellen. Im bündnerischen Prättigau hat man früher dem Toten beim Totenmahl symbolisch einen Teller aufgestellt. *Palorma* (per l'orma = für die Seele) hiess im Engadin der Leichenschmaus, der wegen Ausartung abgeschafft wurde. Heute trinkt man nur noch *palorma* ein Gläschen Schnaps, wenn bei der Hausmetzgete das Rind geschlachtet worden ist.

Grössere Gemeinschaftskreise vereinigen sich bei besonderen Gelegenheiten zum Bankett, zum Festmahl, zum Spendenmahl oder zum Opfermahl, wobei in der Regel die Nahrungsaufnahme weit über die gewöhnlichen Bedürfnisse hinausgeht. Die Unmässigkeit bei solchen Gelegenheiten war und ist durchaus brauchmässig und volkstümlich. Gewisse Festmähler hatten ursprünglich auch den Sinn, durch reichliches Essen die pflanzliche Fruchtbarkeit des kommenden Jahres magisch zu beeinflussen. Es darf in diesem Zusammenhang allerdings nicht vergessen werden, dass die Ernährung der Bevölkerung bis in das 19. Jahrhundert hinein teilweise äusserst kärglich war. Die Nahrung war gewöhnlich das Jahr hindurch knapp bemessen und auch einseitig. Kein Wunder also, dass bei den wenigen festlichen Gelegenheiten, bei denen Essen und Trinken im Überfluss gereicht wurde, unmässig zugegriffen wurde. Eine besonders hübsche Schilderung der damaligen Ess- und Trinkgewohnheiten überlieferte uns der Pfarrer Albert Bitzius aus Lützelflüh im Emmental, der uns als Jeremias Gotthelf wohl allen ein Begriff ist.

„Als es dunkelte, sollte das Erntefest angehen, aber man hatte seine liebe Not, die Leute herzubringen. Vreneli, krebsrot vom Backen und Kochen den ganzen Tag, ward zuletzt zornig und sagte, die dummen Leute hätten den ganzen Tag schon die Finger geleckt bis zu den Achseln und noch weiter nach hinten, jetzt wolle sich keiner dafür halten, keiner sich herbeilassen; so könne man nicht anrichten, nicht mit der Sache vorwärts, und dann am Morgen sei keiner vom Tisch wegzubringen, sie sässen da wie eingebrannt oder angenagelt. Man musste diesem nachschicken und jenem, und am Ende war doch noch jemand nicht da, den man hätte an den Ohren herbeireissen sollen.

Da war Fleischsuppe mit Safran in mehreren Schüsseln auf dem Tische, in welche das Brot so dick eingeschnitten war, dass man auf einer Schüssel hätte knien können. Dann kam Rindfleisch, grünes und dürres, Speck, süsse Apfelschnitze. Kuchen von drei Arten, alles hoch aufgetürmt, und einige Flaschen mit Wein, von welchem jede eine Mass fasste, standen auf dem Tisch, und für alles war kaum Platz, dass die Auftragenden oft in der grössten Verlegenheit waren, wo abstellen. Sperlingen in Hirse muss es wohl sein, aber die wissen noch lange nicht, wie es einem an einem Erntefesttisch ist, der unter seinen Lasten sich biegt und unter dem man seine Beine gar nicht zum Stillhalten bringen kann, weil sie auch hinauf möchten und sehen, was da oben so herrlich riecht.

Und doch war es nicht allen gut genug dort. Elisi und Trinette mochten nicht zu den groben Leuten und groben Speisen. Im Stübli war ein besonderer Tisch gedeckt, auf dem war roter Wein, waren Fische in einer Sauce und Zuckererbsen und Braten von Kälbern und Tauben, gebackene Fische, Schinken und Kuchen, Eierwecken statt Brot, ein Kännchen voll süssen Tees für die Liebhaber des Tees und Desserts, den die Wirtin seit ihrem letzten Kindbettschmaus aufbewahrt hatte. Die Kinder gingen von einem Tisch an den andern, taten immer an einem Tisch wüster als am andern, bis sie endlich, zu voll von Speise und Trank, wie wüste kleine Teufelchen zu Bette gebracht werden mussten. Elisi und Trinette erzählten einander, was sie ertragen möchten, was nicht, rümpften über alles die Nase und sagten, was ihnen dies mache und was jenes, das eine bläht sie, und das andere brachte ihnen den Alp; das eine schlug ihnen in die Augen, das andere in die Ohren; das eine verstopfte sie, das andere machte ihnen den Durchlauf.

Unterdessen assen sie von dem, was sie verstopfte, und von dem, was ihnen Durchlauf brachte, das musste sich ja gegenseitig aufheben, und auch dem Trinken sah man ihre Kränklichkeit eben nicht an."

Ein brauchmässiges Bindemittel ist das Essen und Trinken auch für die bäuerliche Gemeinschaft, welche zwar nicht als Tischgemeinschaft zusammenkommt, wohl aber in der durch Herkommen und Gewöhnung bestimmten Geschmacksrichtung etwas Gemeinsames hat. Für den einzelnen bedeuten die heimatlichen Speisen, wie sie die Mutter gekocht hat, einen wesentlichen Teil der Heimatbindung, welche ihm bewusst wird, sobald er in eine andere Umgebung mit anderen Speisen kommt. Das abschätzige Städtersprichwort: „Was der Bauer nicht kennt, das frisst er nicht", hat seinen Wahrheitsgehalt darin, dass der am meisten heimatgebundene Mensch auch am meisten an seiner heimatlichen Ernährung hängt und nur diese gut und geniessbar und gesund finden kann.

Die Essgewohnheiten und der dadurch geformte Geschmack sind ein Teil seines Wesens, und er fühlt sich eigentlich gekränkt, wenn man ihm zumutet, andere Speisen zu essen, oder er bedauert die Reichen in den Hotels, die dazu da sind, den Unrat der Welt, den sie „Delikatessen" nennen, aufzuessen. Während ein Bündner Bauer nur nach einem „Türggeribel" (abgebrühtem und dann geröstetem Mais) zum Frühstück sein schweres Tagwerk beginnen will, findet der Mittellandbauer heute noch, der Mais sei nur als Schweine- und Hühnerfutter zu gebrauchen.

Bis zum 18. Jahrhundert, der Zeit des grossen Umbruchs auch in der Landwirtschaft, haben wir uns im Nahrungswesen wie in der ganzen bäuerlichen Kultur jene althergebrachte, in ihrer wirtschaftlichen und historischen Bedeutung die Teilung des Schweizer Raumes in zwei beziehungsweise in drei Zonen vorzustellen. Für die Mittellandzone als altes Agrargebiet ist die ursprüngliche Frühstücksspeise der Körnerbrei, der entwicklungsgeschichtlich die Vorform des Brotes darstellt. In der Form von Hafer- und

Obwohl von mehlspeisen-, pasti- oder spätzleessenden Nachbarn umgeben, sind die Schweizer ausgesprochene Kartoffelfans. Wohl kaum ein anderes Land der Erde kennt so viele verschiedene und raffinierte Kartoffelrezepte wie die Schweiz. Unsere Bilder links zeigen Kartoffelanbau mit modernen Methoden in Wilen/Thurgau und die traditionelle Arbeitsweise in Cimalmotto im Tessin.

Oben sehen wir einen Bergbauern im Engadin mit gebündelter Gerste auf dem Rücken auf dem Weg ins Tal. Die Gerste ist sehr widerstandsfähig, ihre kurze Vegetationszeit und ihr geringer Feuchtigkeitsbedarf lassen sie auch in Gebirgslagen gedeihen. Vor allem im Engadin und in Graubünden wird sehr viel Gerste angebaut, und von dort kommen auch einige sehr ansprechende Rezepte aus dieser Getreideart.

Mehlbrei oder von entsprechenden Suppen ist uns diese uralte Ackerbauernnahrung als herkömmliches Morgenessen geschichtlich bezeugt. In einzelnen Gegenden ist es bis heute erhalten, so zum Beispiel im Luzernischen und im Baselland als Mehlsuppe oder Hafermus.

Zur mittelländischen Ackerbauernnahrung bildete die Hirtennahrung des nordalpinen Hirtenlandes einen entschiedenen Gegensatz. Die Ernährung in diesen Gebieten beruhte bis vor hundert oder zweihundert Jahren vorwiegend auf Milch und Milchprodukten. Man ass zum Fettkäse Magerkäse statt Brot. In der Innerschweiz bestand das Morgenessen aus Milch und Ziger oder aus „Zigersüffi" (frischem weissem Ziger in Schotte), oft mit einer Zugabe von getrockneten Früchten als Brotersatz. Heute ist die alte Hirtennahrung, besonders die „Süffi" als Morgenessen mit getrockneten Früchten, „Schnitz", auf dem Frühstückstisch fast nur noch in Unterwalden, einem Kanton mit besonders gut erhaltener Hirtenkultur, anzutreffen.

In einzelnen Gebieten, so im Appenzeller- und zum Teil im Glarnerland, nahm man weder Mais- noch Kartoffelspeisen, sondern einen Milchkaffee mit Brot und Butter als Frühstück wie in der Stadt. Der Kaffee mit reichlichem Milchzusatz, der „Kaffee verkehrt", welcher dem Ausländer als schweizerische Eigentümlichkeit auffällt, ist ja auch ein Teil des städtischen Frühstücks geworden.

Die inner- und südalpine Zone hatte entsprechend ihrer Mischung von altalpiner Agrarwirtschaft mit Viehwirtschaft von jeher keine reine Hirtennahrung. Arten von Körnerbrei, vielfach aus Hirse, deren Anbau sich im Bündner Oberland bis in die Gegenwart gehalten hat, ferner Mehlsuppe und Mehlspeisen (*Ribel, Tatsch, Maluns*) haben sich streuweise bis in die heutige Zeit als die traditionellen Frühstücksspeisen erhalten, besonders dort, wo der alpine Ackerbau nicht völlig verschwunden ist. Das eben entworfene Bild von den naturbedingten drei Zonen des schweizerischen Raumes, die sich auch im Nahrungswesen ausprägen, ist durch die Umwälzungen seit dem 18. Jahrhundert bedeutend verändert worden.

Die weltwirtschaftliche Umstellung brachte einen raschen Rückgang nicht nur des alpinen, sondern auch des mittelländischen Ackerbaus und damit notwendigerweise auch eine Veränderung der Ernährungsgrundlage.

Der Kartoffelbau wurde im Mittelland zuerst und am grosszügigsten betrieben, und von hier aus drangen auch die gebratenen Kartoffeln (*prötleti Herdöpfel*, Zürich; *prägleti Härdöpfel*, Baselgebiet; *Bräusi*, Aargau; *Röschti*, Bern)

Äussere Zeichen Schweizer Gastlichkeit – kunstvoll gearbeitete Wirtshausschilder laden zu Speis und Trank.

südlich gegen das Alpengebiet und vom Bernbiet aus westlich gegen das Welschland vor, wo die gebratenen Kartoffeln unter dem bernischen Namen Röschti das ältere Suppenfrühstück der Bauern verdrängten. Auch ins nordalpine Hirtenland, ja sogar ins inneralpine Gebiet ist das Kartoffelfrühstück im Laufe des letzten Jahrhunderts eingedrungen.

Dieser von Norden vordringenden Front der Kartoffelspeisen stellt sich eine inneralpine Zone der Maisspeisen in Form von Polenta (Tessin), Ribel (Graubünden, Rheintal) oder Maissuppe (Wallis) entgegen. Sie lässt sich durch den Vorarlberg und das Tirol bis in die Ostalpen verfolgen.

Durch die Handelsbeziehungen zu den oberitalienischen Maisgebieten ist der Mais in den alpinen Gebieten an Stelle älterer Getreidenahrung getreten. Dies geschah dort, wo man früher Getreide gepflanzt hatte, aber auch dort, wo man wegen der klimatischen Verhältnisse immer auf die Einfuhr von Körnerfrüchten angewiesen war. Zum Anbau der Kartoffel zeigte man in diesen Gegenden aus alpinem Traditionalismus wenig Lust, noch weniger natürlich zu ihrer Einfuhr. Zum Frühstück jedenfalls will man Körnernahrung, sei sie nun aus Mais oder aus Getreidemehl. In Teilen des Wallis, wo sich die alpine Selbstversorgung mit Getreide wegen der Gunst des Klimas bis heute zu erhalten vermochte, ist man weder zum Kartoffelnoch zum Maisfrühstück übergegangen, sondern man beharrt auf der traditionellen Mehlsuppe, an deren Stelle auch eine Fleischsuppe als Morgenessen treten kann. In der Walserkolonie Bosco Gurin im Tessin ist diese neben der Polenta ebenfalls üblich. In einigen Tessiner Gegenden, besonders im Südzipfel der Schweiz, und ebenso im Westen um Genf vermochte sich die traditionelle Frühstückssuppe *(süpa, soupe)* zu erhalten. Es handelt sich dabei, wie in den angrenzenden französischen und italienischen Gebieten mit ähnlich mannigfaltigen Anbauverhältnissen, um eine kräftige Gemüsesuppe mit allerlei Einlagen. Diese war früher auch in den waadtländischen Weinbaugebieten entlang dem Genfersee das herkömmliche Morgenessen.

Brauchtum und Feste

In den einzelnen Kantonen der Schweiz geben häufig noch althergebrachte Überlieferungen Anlass für Feste aller Art. Hierin spiegeln sich noch sehr deutlich frühere Gewohnheiten, und naturgemäss verbinden sich fast alle diese Feste mit Essen und Trinken.

Wir wollen auf einige der berühmtesten Brauchtumsfeste im einzelnen eingehen. Im Tessin haben die Hausfrauen während der Fasnachtszeit zumindest an einem Tag in der Küche nichts zu tun. Sorglos können sie mit ihrer Familie auf der Piazza spazieren und zuschauen, wie andere für sie kochen. Die Köche sind Metzger und Gastwirte des Dorfes, der Stadt, und die Speise – sie wird nach altem Brauch für die ganze Bevölkerung gratis zubereitet – ist ein köstlich duftender, safrangelber *Risotto*. In einem anderen Topf brutzeln die *Luganighe*, würzige Knoblauchwürste aus Schweinefleisch. Schon am Vortag werden die riesigen Kupferkessel auf dem Platz aufgestellt. Man füllt sie mit Wasser, Rindfleisch und Knochen und entfacht unter ihnen ein Holzfeuer. Der aromatische Fleischbrüheduft, der den Vorüberziehenden in die Nase steigt, weckt die Vorfreude auf den Risottoschmaus. Die Köche, die am nächsten Morgen ihre langen Holzkellen in den Kesseln kreisen lassen, sind starke Männer, denn zum Gelingen eines feinen Risottos gehört das unermüdliche und gleichzeitig sehr vorsichtige Rühren vom Anfang bis zum Schluss auf sehr starkem Feuer. Vom verlockenden Duft angezogen, strömt gross und klein um die Mittagszeit auf die Piazza. Jeder erhält seine Portion Safranreis und eine Wurst. Dazu gehören, als Krönung der Mahlzeit, ein paar Gläschen Wein. Auf improvisierten Tischen und Bänken beginnt dann ein fröhliches Gelage, das bald in ein richtiges Volksfest übergeht. Die *Banda comunale* spielt für die Erwachsenen zum Tanze auf, die Kinder vergnügen sich am Schlaraffenbaum, einem langen, glatten, mit viel Seife eingeriebenen Pfahl, an dessen Spitze Schinken, Würste, ganze Hühner und Panettoni hängen, welche die unermüdlichen Kletterer zu ergattern versuchen.

Wenden wir uns nun einem anderen Fest zu und fahren vom Süden in den Norden, von den katholischen Tessinern zu den reformierten Baslern: Am Fasnachtsmontag, wenige Minuten vor vier in der Früh, gehen die Lichter in der ganzen Basler Innenstadt aus. Hunderte von Piccolos pfeifen, Hunderte von Trommeln dröhnen. Alle beginnen mit demselben Marsch, dem *Morgestraich*. So nennt der Basler den Auftakt zu seiner Fasnacht. Über den Köpfen schweben die bunt bemalten Laternen mit ihrem fahlen Licht, das die unzähligen Frühaufsteher am Strassenrand schemenhaft beleuchtet. Dann wird auch der Himmel heller, und die durchfrorenen maskierten und unmaskierten Menschen strömen in die warmen Gasthäuser zu Mehlsuppe, Käse- und Zwiebelkuchen. Am Nachmittag beginnt der lange Marsch der Cliquen, die, alle für sich, auf den offiziellen Routen durch die Stadt ziehen. Jede verrät durch von Künstlerhand entworfene Kostüme und Masken ihr *Sujet*, das ausgewählte Spottobjekt des Basler- oder Schweizerjahres. Auf dem Marktplatz befindet sich das Comité, welches die Jurierung vornimmt. Unterwegs verteilen die Cliquen von ihren Wagen aus Mimosen, Orangen oder Spreu und ihre *Zeedel* (Zettel), lange, bunte Papierstreifen, die in witzigen, phantasievollen Dialektversen ihr Cliquensujet erläutern. Der Übergang in den Abend vollzieht sich langsam wie die Dämmerung. Immer mehr Menschen füllen die Wirtshäuser, wo später *Schnitzelbänggler* zirkulieren, um angriffslustige, spitzpointierte Bild-Vers-Gebilde vorzutragen. Einzelmasken tauchen auf, die in ihrem dem Basler eigenen frechen Mundwerk Politiker, Freunde und Bekannte auf die Rolle schieben. Die Maskenbälle sind fast ausgestorben.

Dieses zur Strasse hin offene Geschäft in Lugano, der grössten Stadt des Tessin, vermittelt deutlich südländische, italienische Atmosphäre. Die meterlangen Wurstimitationen sind so recht geeignet, die Kunden anzuziehen.

Seit dem Jahre 1808 beginnt die Basler Fasnacht am Fasnachtsmontag Punkt 4 Uhr in der Früh mit dem Glockenschlag der Martinsglocke. Dann gehen in der Innenstadt die Lichter aus, und an allen Ecken ertönt das Kommando: »Achtung – Morgestraich – vorwärts – marsch!« Die Cliquen mit Drummeli *(Trommeln) und* Piccolos *(Pfeifen) setzen sich in Bewegung, fratzenhafte Masken, bunte Kostüme und kunstvoll gearbeitete Kopflaternen beherrschen von nun an für drei Tage die Basler und ihre Stadt.*

Dafür ziehen die Cliquen, Gruppen und Grüppchen durch die Gassen der Innenstadt. Und es wird Morgen, fast vierundzwanzig Stunden nach dem Vieruhrschlag, bis die letzten Fasnächtler Schluss machen. Schluss für ein paar Stunden. Am Dienstag gehört die Strasse den *Guggenmusiken*, die so laut und falsch wie möglich auf den verschiedensten Blas- und Schlaginstrumenten spielen. Und am Mittwoch wiederholt sich alles nochmals vom Nachmittag bis in die Nacht. Dann ist endgültig Schluss – bis zum nächsten Jahr.

Machen wir noch einen Abstecher in die Westschweiz und besuchen dort die *Vignolage*: In den ersten Märzwochen des neuen Jahres wird hoch oben in den Dörfern St. Luc und Chandolin im Val d'Anniviers (Eifischtal) eine Behausung nach der anderen geschlossen. Die Bewohner fahren zu Tal, denn es gilt, in den steilabfallenden Rebbergen rund um Siders an die Arbeit zu gehen. Ein ganzes Dorf zieht aus, mit Gemeindepräsident, Pfarrer und Lehrer. Zwar geschieht dies nicht mehr nach alter Väter Sitte, das heisst gemeinsam mit schwerbeladenen Mauleseln, die sorgsam in Tragtaschen gesteckte Kleinkinder trugen. Man weiss die Errungenschaften der Technik zu schätzen und zu nützen. Dieses auf sich selber angewiesene und seinem Erdboden verbundene Volk aus dem Eifischtal führt ein Nomadenleben zwischen dem Heim in den Rebbergen, dem Sitz in der Kirchgemeinde und der Alphütte auf den Maiensässen. Am Samstag nach St. Joseph finden sich die *Anniviards* zusammen, um die Frühjahrsarbeiten im Gemeinderebberg zu machen. Es ist ein grosser Tag, der Tag der *Vignolage*. Angeführt durch zwei Pfeifer, die ihren kleinen Holzinstrumenten schrille, helle Töne entlocken, und begleitet vom gewichtigen Klang der Trommel, zieht die muntere Schar der Weinbauern mit Werkzeugen und Esswaren beladen hinaus zum Gemeinderebberg. Diese feierliche Kontaktnahme mit dem Weinberg ist auf einen alten Brauch aus dem 14. und 15. Jahrhundert zurückzuführen. Vor Beginn der Arbeit knien die Männer auf die zu bebauende Erde, um Gottes Segen zu erbitten,

Bergbauern sind ein auf sich selbst angewiesenes und mit dem Erdboden verbundenes Volk. Sie führen oft ein Nomadenleben zwischen der Alphütte auf den Bergen und ihrem Haus im Tal. Mit Sack und Pack zieht man im Frühsommer auf die Alp, um erst wieder im Herbst bei der Alpabfahrt zurückzukehren. Natürlich sind solche Aufzüge heute eine willkommene Gelegenheit, den Touristen eine Attraktion zu bieten.

wissen sie doch, dass eine einzige Frostnacht die Mühen des ganzen Jahres zunichte machen kann. Der Präsident verteilt die Arbeit gruppenweise: das Ausschneiden der alten Schosse, das Aufbinden der neuen Träger, das Umgraben der Erde, das Zutragen des Düngers. Die beliebtesten Personen dieses Tages sind die *Procureurs*. Sie sind verantwortlich für die Tranksame. Die unermüdlich die Becher füllenden Leute sind die *Gardes-Champêtres*. So hat jedes Gemeindeglied seine bestimmte Aufgabe zu erledigen. Drei Musikanten ermuntern die Arbeiter mit altüberlieferten Weisen, und zum Takt der Trommel gräbt sich die schwere Hacke tief in die Erde, die Rebschere klinkt kurz und scharf. Wenn sich der letzte Sonnenstrahl über den nahen Bergen verflüchtigt hat und der Duft der frisch umgebrochenen Erde die Luft erfüllt, steigt nochmals ein Dankesgebet zum Himmel. Nachher darf man sich in Musse am köstlichen Wein aus dem Rebberg und seinen Hoffnungen über die kommende Ernte hingeben. Angeführt durch die fröhlichen Musikanten, zieht das Grüpplein Menschen in der Dämmerung heimwärts nach Muraz/Siders.

Daneben gibt es noch eine Vielzahl ähnlicher Feste in allen Landesteilen, auf die wir aber im einzelnen nicht eingehen können.

Links: Das Verbrennen des »Böögg« ist ein im alemannischen Raum weit verbreiteter alter Brauch. Mit ihm soll das Nutzlose, das Übriggebliebene vom Winter verschwinden und dem Frühling und der Fruchtbarkeit Platz machen. Besonders glanzvoll wird das Verbrennen des Böögg in Zürich im Rahmen des Sechseläutens gestaltet. Am dritten Montag im April Punkt sechs Uhr abends wird die aus Watte und Stroh gebastelte Puppe auf einem riesigen Scheiterhaufen verbrannt. Zahlreiche Knallkörper sind in der Puppe versteckt, was natürlich vor allem den Kindern Vergnügen bereitet. Der Aberglaube will wissen, dass die Standfestigkeit des Böögg auf ein gutes oder schlechtes Jahr schliessen lässt. Dem spektakulären Ereignis selbst geht ein farbenprächtiger Umzug der Zünfte und Kinder voraus.

Eine alte und vielfältige Tradition haben die Maskenbräuche in der deutschen Schweiz. Von besonderem Reiz sind die Silvesterkläuse von Urnäsch im Appenzeller Land, die mit ihren reichhaltigen und kunstvollen Tellerhauben

beeindrucken. Die Masken zeigen meist ein eigentümliches, stilles Lächeln. Die Urnäscher Kläuse treten stets am 31. Dezember und nochmals am 13. Januar auf, was sich aus der Zeitregel des alten julianischen Kalenders erklärt.

Schweizer Küche – was ist das?

Kommen wir nun langsam zum eigentlichen Thema unseres Buches. Blättert man in internationalen Kochbüchern, so findet man oft Schweizer Rezepte entweder nicht oder nur schwach repräsentiert, schwächer als beispielsweise Spezialitäten aus Ländern wie Portugal, Schweden oder Russland. Meist endet die Schweizer Kochkunst rasch bei Rösti und Fondue. Nach Meinung mancher internationaler gastronomischer Experten gibt es gar keine eigentliche Schweizer Küche, oder sie halten sie für unbedeutend. Das mag seinen Grund daher haben, dass in den vielen ausgezeichneten Restaurants und Hotels der touristischen Schweiz nach der französischen *haute cuisine* gekocht wird. Das ist aber in allen Hotels mit internationalem Ruf auf der ganzen Welt der Fall, und so vereinfachend gesehen, gäbe es ja praktisch nur noch französische Küche. Im übrigen könnte die Schweiz in diesem Zusammenhang gewiss für sich in Anspruch nehmen, diese internationale Kochkunst mit ganz besonderer Liebe und Perfektion zu pflegen. Aber so sehr sich die Schweizer geehrt fühlen dürfen, wenn ihre Leistungen in den Küchen der renommierten Lokale von begeisterten Fremden als die „berühmte Schweizer Küche" gelobt wird, korrekt ist diese Definition nicht.

Suchen wir also nach der ursprünglichen, der bodenständigen und gewachsenen Schweizer Küche. Und hier werden wir fündig, sobald wir die dem Tourismus dienenden Restaurants verlassen und kleine ländliche Gasthöfe aufsuchen, in traditionellen Schweizer Haushalten uns umsehen oder die vielen Heimatfeste des Landes besuchen. Hier finden wir von Kanton zu Kanton eine tatsächlich sehr reichhaltige und originelle Küche, die man mit Fug und Recht schweizerisch nennen darf.

Es wird immer wieder behauptet, die Essgewohnheiten der Eidgenossen seien ein Mosaik der Küchen ihrer Nachbarn Deutschland, Frankreich, Italien und Österreich. Hier muss ich widersprechen, denn es ist nicht einmal die halbe Wahrheit. Am ehesten mag dies zwar auf das Tessin zutreffen, wo man zweifellos sprachlich und geografisch bedingt einiges vom südlichen Nachbarn übernahm. Aber eben nur einiges, und das ausgewählt. Denn wo sind im Tessin die vielfältigen Pasti oder Pizzen? Wo gar sind in den anderen Landesteilen und Kantonen die österreichischen Mehlspeisen, die gewürzten, gemüsereichen Rezepte aus den Provinzen Frankreichs, wo finden sich die Spätzli und Knöpfli der nördlichen Nachbarn aus Schwaben? Sie alle haben nicht oder nur ganz wenig in die Schweizer Küche vordringen können.

Gerade am Beispiel der erdrückenden Übermacht der nudel-, pasta-, spätzle- und nockerlnessenden Angrenzer beweist sich die stabile Eigenständigkeit der Schweizer Küche: Sie ist nämlich auf einem breiten Fundament von Kartoffeln aufgebaut, und nirgendwo in der Welt gibt es so viele verschiedene und raffinierte Kartoffelzubereitungen auf so kleinem Raum wie in der Schweiz.

Gewiss – Grenzen trennen nicht nur, sie verbinden auch. Und so ist manches an ausländischen Küchengeheimnissen in die Schweiz herübergekommen, manches aber auch hinübergegangen, wie beispielsweise Baron Eugen von Vaerst in seiner Gastrosophie zu sagen weiss: „Die vorzüglichsten Zuckerbäcker auf der ganzen Erde, die man auch in allen grossen Städten inner- und ausserhalb Europas findet, kommen aus Graubünden. Dort haben die Leute, die wir von Mexiko bis Petersburg in grauen Jacken und weissen Schürzen sehen, grosse Steinpaläste." Na also – und an der erstklassigen Qualität der Schweizer Schokoladen und Patisserien hat sich bis heute nichts geändert.

Überschätzt wird zweifellos auch der Einfluss, den die zurückkehrenden Schweizer Söldner auf die Essgewohnheiten ihres Heimatlandes ausgeübt haben sollen. Kulinarische Spuren im eigenen Land haben eigentlich stets nur langwährende fremde Besatzungen hinterlassen, nicht aber die aus der Fremde zurückkehrenden Schweizer Reisläufer. Denn als bezahlte Soldaten im Dienste des Königs von Frankreich werden sie wohl kaum an den prunkvollen Gelagen im Schloss von Versailles teilgenommen haben. Sie erhielten wie alle im niederen Stand des Kriegshandwerks Tätigen eine primitive, einfallslose und einseitige Kost. Und wenn sie einmal nach einem erfolgreichen Scharmützel ein *Güggeli* als Beute verzehren konnten, so werden sie Wichtigeres zu tun gehabt haben, als dieses Rezept für die Heimat zu notieren – ganz abgesehen davon, dass die Reisläufer zu jener Zeit kaum des Schreibens und Lesens kundig waren. Rezepte also brachten sie nicht mit, wohl aber ihre leuchtend roten Hosen als Gardisten des Königs von Frankreich, aus denen dann beispielsweise die Engadiner, praktisch wie sie sind, ihre wunderschönen, ebenfalls leuchtend roten Trachten schneiderten.

Sicher – es gibt Ausnahmen. Aus Spanien dürften Schweizer Legionäre die heute noch beliebte Spanische Suppe mitgebracht haben, die dort in den Feldtöpfen der Landsknechte aus allen erreichbaren Zutaten vor sich hin geköchelt haben dürfte. Irgendwie ins Land geschneit sind auch die Spanischen Brötli, die vor allem die Badener recht knusprig zu backen wussten, und als am 9. August 1847 die erste Eisenbahnstrecke der Schweiz von Baden nach Zürich eröffnet wurde, da konnten endlich auch die Zürcher diese Spezialität ofenfrisch auf ihrem Frühstückstisch vorfinden. Die Bahn wurde daher liebevoll „Spanisch-Brötli-Bahn“ getauft. Alles in allem aber haben die Gastspiele Schweizer Krieger die Schweizer Küche bestenfalls gestreift, aber nicht geprägt.

Es gibt sie, wie wir gesehen haben und im Verlaufe dieses Buches noch sehen werden – die echte Schweizer Küche. Entstanden ist sie wie jede regionale Küche dieser Welt, nämlich aus den heimischen Früchten, dem Gemüse aus dem Garten und den Produkten, die die Haustiere im Lande hergaben. Das war einstmals wenig, denn vor der „Entdeckung der Alpen“, wie ein Buchtitel von Roy Oppenheim lautet, war die Schweiz ein armes Land. Aus dem wenigen, was zum Essen zur Verfügung stand, musste die Hausfrau ihr ganzes Können und ihre ganze Phantasie aufwenden, um einigermassen Abwechslung auf den Küchenzettel zu bringen. Und was hierbei aus Milch, Käse, Brot, Mais, Hirse, Obst, später dann auch aus Kartoffeln gezaubert wurde, ist erstaunlich und vielfältig – es ist zweifellos der Grundstein der wirklichen Schweizer Küche!

Nächste Doppelseite: Dieser herrliche Ständerbau mit dem ornamental ausgeschmückten Ründegiebel stammt aus dem Jahre 1698 und steht in Trubschachen im Kanton Bern. Man kann sich unschwer vorstellen, daß die Einkehr in diesem Gasthof zum Bären sowohl ein architektonisches als auch kulinarisches Erlebnis sein wird.

Älplermagrone

Kanton Uri

Magrone sind Makkaroni. Dieses Urner Gericht – eines der wenigen, das auf Teigwaren basiert, ohne Beigabe von Kartoffeln – wurde früher an Sonn- und Feiertagen gegessen. An den Werktagen war das Essen noch einfacher. Als warme Hauptmahlzeit gab es etwas gebratenen Alpkäse (was heute durchaus wieder eine geschätzte, weder als einfach noch billig empfundene Abwechslung ist). War genügend Zeit vorhanden, kochte einer der Sennen das *Fenz*, einen Brei aus Butter, Mehl und Milch. Eine Art Zwischenmahlzeit war und ist heute noch die *Dickete*, mit Lab geschiedene Milch.

1 1/2 l Milch, Salz, 450 g Makkaroni, 150 g Bergkäse oder Sbrinz, gerieben, grob gemahlener schwarzer Pfeffer, 100 g Butter, 2 Zwiebeln, in Ringe geschnitten, 3 Knoblauchzehen, gehackt

Die Milch mit einem Esslöffel Salz aufkochen. Die Teigwaren hineingeben und unter gelegentlichem Rühren bei schwachem Feuer gar kochen. Die Teigwaren sollten die Milch so aufgesogen haben, dass das Gericht noch leicht flüssig ist (notfalls noch etwas Milch dazugeben). Die Teigwaren in eine vorgewärmte Schüssel geben, Käse und Pfeffer daruntermischen, die in Butter gedünsteten Zwiebeln und die Knoblauchzehen darübergeben. Mit frischem Salat servieren.

In Nidwalden bereitet man die Älplermagronen mit gleichen Mengen von Makkaroni und Kartoffeln (geschält und gewürfelt) zu. Als Beilage reicht man traditionell Apfelschnitze.

Apfel-Bröisi

Kanton Aargau

Bröisi bedeutet soviel wie Rösti. In diesem Fall also sind es die Äpfel vom Himmel und nicht die aus der Erde, die zu einer *Bröisi*, einer Rösti verzaubert werden. In einem alten Spruch heisst es: „Brot allein tut's nicht, denn eitel Brot und nichts dazu gibt schmale Bäuche – und wer dabei etwas tun soll, bekommt die gelbe Seuche!" Mit der gelben Seuche war wohl die Gelbsucht gemeint, und mit diesem Spruch wurden jene Leute bedacht, die gerne für wenig Arbeit einen möglichst grossen Lohn einheimsen wollten.

400 g Weggli oder Weissbrot, leicht altbacken, 1 kg säuerliche Äpfel, 3 Esslöffel Butter, 4 Esslöffel Zucker, 80 g frische Butter

Das Brot in möglichst dünne Scheiben schneiden. Die Äpfel schälen, Kernhaus entfernen, ebenfalls in feine Scheiben schneiden. In der Bratpfanne die Butter heiss werden lassen, Brot und Zucker hineingeben und unter ständigem Wenden knusprig rösten, dann die Apfelscheiben dazugeben, gut mischen und die Masse so lange unter ständigem Wenden weiterbraten, bis die Äpfel weich sind. Dann die frische Butter darüber verteilen, schmelzen lassen und sofort servieren. Das Brot darf nicht weich sein, es schmeckt erst so richtig herzhaft, wenn es knakkig geröstet ist. Wer will, kann auch Zucker und Zimt darübergeben. Die Originalbeigabe ist, wie bei so vielen Schweizer Rezepten, Milchkaffee.

Apfelkuchen

Kanton Schaffhausen

*Für den Mürbteig: 250 g Mehl,
1 Prise Salz, 125 g Butter,
2 Esslöffel Wasser, 100 g Mandeln,
750 g Äpfel, Saft einer Zitrone,
50 g Butter, 1 Esslöffel Zucker,
1 Messerspitze Zimt
Für die Crème: 30 g Butter,
1 Teelöffel Kartoffelmehl,
3 dl Rahm, 2 Esslöffel Zucker,
1 Esslöffel Vanillezucker, 2 Eier,
1 Eigelb*

Mehl mit dem Salz vermischen und auf ein Backbrett sieben. Die würfelig geschnittene Butter in das Mehl einarbeiten, bis das Ganze eine krümelige Konsistenz erreicht. Nach und nach Wasser dazugeben und durchkneten. Die Teigkugel eine halbe Stunde kühl ruhen lassen. Den Boden einer Springform (24 cm Durchmesser) mit dem Teig auslegen und mit geschälten, geriebenen Mandeln bestreuen. Dann mit gleichmässigen Apfelschnitzen, welche mit Zitronensaft vermischt sind, belegen und mit zerlassener Butter bepinseln. Im vorgeheizten Ofen bei ca. 180° C 15 Minuten überbacken und dann mit Zucker und Zimt bestreuen. Weitere 10 Minuten backen. Wenn die Äpfel fast weich sind, die Crème beigeben.

Für die Crème Butter zergehen lassen. Kartoffelmehl darin verrühren, Rahm beigeben und gut umrühren, aber nicht kochen lassen. In einer Schüssel die Eier mit Zucker und Vanillezucker schaumig rühren und die Masse aus dem Pfännchen nach und nach einarbeiten. Über den Kuchen im Backofen giessen. Nach weiteren 15 Minuten Backzeit ist die Crème fast fest geworden. Jetzt noch Zucker überstreuen und etwas zerlassene Butter darübergeben, dann Oberhitze geben, so dass der Zucker leicht karamelisiert. Herausnehmen und mit Puderzucker bestreut lauwarm essen.

Berner Platte

Kanton Bern

Variationen der Berner Platte gibt es wohl so viele, wie der Kanton Bern Einwohner hat. An Fleisch- und Wurststücken kann fast nach Belieben oder Vorrat ergänzt und ausgetauscht werden. Eine ebenfalls beliebte Beilage zu diesem berühmten Schweizer Gericht sind Dörrbohnen anstelle oder neben dem Sauerkraut.

1 Esslöffel Fett, 1 Zwiebel, 1 kg Sauerkraut, 2/10 Liter Weisswein, 2/10 Liter Wasser, 250 g geräucherter Speck, 1 geräuchertes Schweinsrippli, 300 g mit Fett durchzogenes Rindfleisch zum Sieden, 1 kg mittelgrosse Kartoffeln, Salz, 1 Esslöffel Mehl, 1 säuerlicher Apfel mit Schale und Kernhaus, 1 kleine Berner Zungenwurst

In einer Pfanne lässt man das Fett heiss werden, dünstet die feingehackte Zwiebel darin an, gibt das Sauerkraut dazu, erhitzt es ca. 2 Minuten und löscht dann mit Weisswein und Wasser ab. Dann gibt man den Speck und das geräucherte Rippli dazu, ebenso das Rindfleisch, welches halbweich vorgekocht wurde, und lässt alles auf mittlerem Feuer gut zugedeckt kochen. Nach 30 Minuten legt man die geschälten, halbierten Kartoffeln auf das Kraut, bestreut sie mit wenig Salz und deckt die Pfanne wieder zu. Nach weiteren 40 Minuten sind die Kartoffeln und das Fleisch weich. Man hebt zuerst die Kartoffeln mit einem Löffel sorgsam aus der Pfanne und gibt sie in eine vorgewärmte Schüssel. Dann die Fleischstücke herausnehmen, tranchieren und warmstellen. Das Kraut mit dem Mehl bestäuben, den Apfel direkt ins Kraut raffeln und umrühren. Das Kraut bergartig anrichten, mit den Fleisch- und Wurststücken bedecken, die Kartoffeln darumherum legen. Mit Senf servieren.

Birre und Stock

Kanton Thurgau

„Jetzt ist gemostet“, sagt der Thurgauer, wenn ein Nachtfrost die Apfel- und Birnenblüten im Frühjahr an den Bäumen erfrieren lässt, denn dann bleibt dem Obstbauern für den Rest des Jahres nicht mehr viel Nützliches zu tun. Aus der Gegend um den Bodensee stammt auch das auf den ersten Blick recht ungewohnte, aber sehr wohlschmeckende Rezept, das in anderen Regionen als „Himmel und Erde“ einen geschmacklichen Verwandten hat. Was ein Jahr ohne Most bedeutet, das kann eben nur einer aus der Ostschweiz so richtig begreifen, denn dort spielt der Most, sei er nun süss oder vergoren, eine sehr grosse Rolle. Den Kanton Thurgau nennt man spasseshalber seiner vielen Obstbäume wegen auch „Mostindien“.

*1 kg Kartoffeln, 1 1/2 kg Birnen,
6 dl Wasser, 1 dl Weisswein,
150 g Zucker, 1 Stück Zimtrinde,
abgeriebene Schale einer Zitrone,
1 Nelke, 20 g Butter*

Kartoffelstock (Kartoffelpüree) zubereiten. Dann die Birnen sauber abreiben, vierteln, von Kernhaus, Stiel und Fliege befreien. Wasser, Wein, Zucker, Zimtrinde, Zitronenschale und Nelke in eine Pfanne geben und die Birnen darin langsam weichkochen, bis der Saft zu verdicken beginnt. Zum Anrichten gibt man in eine tiefe Schüssel eine Lage frischgekochten, heissen Kartoffelstock, darauf eine Lage heisse Birnenschnitze, die man mit 3 Löffeln Birnensaft beträufelt, dann wieder Kartoffelstock und wieder Birnenschnitze, bis alles aufgebraucht ist. Obenauf sollte Kartoffelstock sein. Mit brauner Butter überschmelzen.

Dazu trinkt man traditionell Milchkaffee, kann aber auch mit Siedfleisch, gebackener Blutwurst und einem herben Weisswein eine grössere Sache daraus machen.

Innerschweizer Bohnentopf

Kanton Nidwalden

„Dieser Mensch kommt daher, gerade wie Hagel in die Bohnen", heisst es auf dem Lande, wenn einem jemand sehr ungelegen oder unwillkommen ins Haus schneit. „Er ist in den Bohnen", sagt man dagegen von jemandem, der zerstreut ist und seinen Kopf nicht richtig bei der Sache hat. Diese Redensarten deuten an, wie sehr man früher besorgt war um das gute Gedeihen einer Bohnenernte. Als Sommergemüse waren die Bohnen besonders begehrt, weil man sie in vielen Varianten brauchen konnte. Zum Dörren bestens geeignet, kamen sie im Winter auf den Tisch.

*200 g Hammelfleisch,
250 g geräucherter Schweinehals,
1 Esslöffel Öl, 1 kg grüne Bohnen,
250 g Karotten, Salz, 1 Zweiglein
Bohnenkraut, 1 kg kleine Kartoffeln
(neue Ernte)*

Hammelfleisch und Schweinehals in kleine Ragoutstücke schneiden. Öl in der Kasserolle erhitzen, dann darin die Fleischstücke rasch anbraten, die gewaschenen und abgefädelten Bohnen und die in fingerdicke Stengel geschnittenen, geputzten Karotten dazugeben, salzen, ablöschen mit heissem Wasser. Das Bohnenkraut darauflegen und das Gemüse mit den kleinen, geschälten Kartoffeln, die man leicht mit Salz überstreut hat, zudecken. In gut verschlossener Kasserolle lässt man das Gericht eine Stunde kochen, bis die Kartoffeln weich sind. Sie sollten noch schön ganz sein und noch nicht zu verfallen beginnen. Dazu serviert man nach Belieben ein Stück herzhaftes Holzofenbrot und einen leichten Rotwein oder Pinot noir.

1980
du Valais
PROVINS VALAIS

Bölledünne

Kanton Schaffhausen

Bölle sind Zwiebeln, und *Dünne* ist ein Kuchen. „Man muss oft weinen, aber man braucht sie doch!" Wenn auch beim Schälen oft bittere Tränen vergossen werden, so gibt es doch wohl kaum einen Haushalt, wo die Zwiebeln in der Küche nicht in irgendeiner Form Verwendung fänden.

Für den Teig: 200 g Mehl, 70 g Butter, 1 Esslöffel Wasser, 1/2 Esslöffel Essig, 1 Teelöffel Salz. Für den Belag: 4 grosse Zwiebeln, 30 g Fett, 50 g Speck, 1 1/2 Esslöffel Mehl, 1/4 Liter Rahm oder Milch, 2 Eier, Salz

Zunächst einen geriebenen Teig herstellen, indem man das Mehl in eine Schüssel gibt, die Butter in Flöckchen darüber schneidet und beides mit den Händen verreibt. Wasser und Essig dazugießen, salzen und zu einem glatten Teig verkneten. Kühl und zugedeckt 15 Minuten ruhen lassen.

Ein gut ausgefettetes Kuchenblech mit nicht allzu dünn ausgewalltem geriebenem Teig auslegen. Die Zwiebeln schälen, in feine Scheiben schneiden und im Fett und im feinwürfelig geschnittenen Speck etwas dämpfen. Vom Feuer nehmen, mit dem Mehl bestäuben, gut verrühren und mit dem Rahm, den Eiern und einer Prise Salz zu einem festen Brei mischen. Diesen über den ausgelegten Teig verteilen, nach Belieben noch mit einigen Butterflöckchen belegen und bei Mittelhitze etwa 40 Minuten backen. Heiss bis lauwarm servieren. Dazu passt ein Glas Most, sofern Sie ihn noch bekommen können.

Brieskuchen

Kanton Bern

Briesmilch ist die Milch von einer Kuh, die gerade ein Kälbchen geboren hat. Etwa eine Woche lang liefert die Mutterkuh diese besonders eiweiss-, vitamin- und mineralstoffreiche Milch. Es versteht sich von selbst, dass die Schweizer mit ihrer traditionellen, weltbekannten Milchwirtschaft die Vorzüge einer solch wertvollen Milch erkannten und sich einige Rezepte damit ausdachten. Die hier beschriebenen Kuchenzubereitungen stammen aus dem Emmental und sind sehr alt. Die erste Version zeigt einen salzigen, die zweite einen süssen Brieskuchen.

180 g Mehl, 3 Eier,
4 dl Briesmilch, 1 dl Rahm,
1 Prise Salz

Das Mehl mit den Eiern, der Milch, dem Rahm und dem Salz gut verrühren und mit dem Rührlöffel durchschlagen. Den Teig in eine Auflaufform geben und bei mässiger Hitze etwa 40 Minuten backen.

180 g Mehl, 5 Eier,
4 dl Briesmilch, 1 dl Rahm,
1 Prise Salz, 160 g Zucker,
Zitronenschale und Vanillezucker
nach Geschmack

Kuchen wie oben zubereiten und backen. Dazu jeweils Milchkaffee servieren.

Bsoffni Öpfel mit Is

Die Legende berichtet, dass Anfang des 10. Jahrhunderts die Gattin des Udalrich von Buchhorn, Wendilgart, Zuflucht im Kloster St. Gallen suchte. Diese Dame war zwar sehr freigebig, hatte aber einen unstillbaren Drang nach Naschereien. Der Klosterküche wurde das allmählich zu teuer, und man verfügte Rationierungen. Wendilgart betete zur heiligen Mutter Maria und erflehte die so heiss begehrten Süssigkeiten – und siehe da, die Mutter Gottes sandte ein paar Äpfel. Die aber waren so sauer, daß Wendilgart entsetzt ausrief: „O heilige Mutter Gottes, hätte Eva im Paradies einen so sauren Apfel von der Schlange erhalten, wäre sie niemals in Versuchung geraten!“

Nun – unser Rezept verzaubert die Äpfel in einer Weise, dass Sie mit Sicherheit dieser Versuchung nicht widerstehen können.

1/2 Tasse getrocknete Äpfel,
20 g Rosinen, 1 dl Calvados,
2 Esslöffel Mango-Chutney,
4 Esslöffel Magerquark,
Zitronensaft, 1 Messerspitze Zimt,
2 Esslöffel Puderzucker, Pfeffer aus der Mühle, 4 grosse Äpfel (Gravensteiner), 1 Zitrone,
40 g Zucker

Kleingeschnittene, getrocknete Apfelstücke und Rosinen mindestens 12 Stunden in Calvados einlegen. Dann mit Mango, Quark, etwas Zitronensaft, Zimt, Puderzucker und Pfeffer gut verrühren. Die Äpfel schälen, mit Zitronensaft einreiben, einen Deckel abschneiden und sorgfältig aushöhlen. In einer Auflaufform zwei Minuten in den heissen Backofen schieben (240° C). Dann mit der vorbereiteten Masse füllen. Deckel aufsetzen, mit Zucker bestreuen und in 15–20 Minuten fertigbacken. Dazu mit Calvados abgeschmecktes Apfeleis servieren.

43°
Calvados

Bündner Teller

Kanton Graubünden

Weltbekannt ist das getrocknete Rindfleisch aus Graubünden geworden, doch selbst in der Ursprungsregion wird dieser Inbegriff der internationalen Vorspeisen heute meist fabrikmässig hergestellt, immerhin natürlich noch wesentlich besser als die vielen Nachahmungen in allen möglichen Ländern der Erde, die meist nur noch den Namen mit dem echten Bündner Erzeugnis gemein haben. Bündnerfleisch wird aus besonders zarten, feinfaserigen und fettreichen Muskelstücken der Rinderkeule gewonnen und mit einer Mischung aus Pfeffer, Wacholderbeeren, Kräutern und Salz eingerieben. Danach wird das Fleisch mehrere Monate in der würzigen Gebirgsluft Graubündens, möglichst in über 1800 Meter Höhe, getrocknet (fabrikmässig sehr viel schneller durch Luftventilation!), wobei es rund 50 Prozent seines ursprünglichen Wassergehaltes verliert.

Bündnerfleisch, Mesolcina, Cornichons, Tomaten, Vollkornbrot, Pfeffer

Bündnerfleisch und/oder Mesolcina (ein mit Knoblauch gewürztes Schinkenfleisch aus dem Graubünden und das Tessin verbindenden Tal gleichen Namens) hauchdünn schneiden („Man muss die Zeitung durchlesen können", sagte einmal ein Kenner) und locker übereinandergeschichtet oder leicht eingerollt auf einem Holzteller anrichten. Mit Cornichons (kleinen Essiggürkchen) und Tomatenachteln garnieren, mit Vollkornbrot, Pfeffer aus der Mühle und einem Veltliner oder Weissen servieren.
Es gibt auch Liebhaber von Bündnerfleisch, die darauf schwören, dass das Fleisch in kleine Würfel geschnitten noch aromatischer schmeckt. Probieren Sie am besten beide Varianten aus!

Busecca

Kanton Tessin

Busecca ist eine im Tessin recht berühmte Kuttelsuppe. Aber gerade bei den Kutteln scheiden sich die Schweizer Geister, denn bei einer Umfrage nannte jeder Zweite Kutteln einen Graus. Trotzdem werden in der Schweiz alljährlich rund 3000 Tonnen Kutteln verzehrt, und somit ist offenbar jeder andere zweite Schweizer ein Verehrer dieser Feinschmeckerei. Neben der Tessiner Kuttelsuppe sind der Zürcher Kuttelblätz mit Sauce Vinaigrette und im Genfersee-Gebiet die Kutteln in Wein sehr beliebt.

1 Zwiebel, 2 Knoblauchzehen, 50 g Speck, in Würfel geschnitten, 1 Esslöffel Olivenöl, 5 dl Bouillon oder Weisswein, 2 Stengel Lauch, 1 Sellerieknolle, 3 Tomaten, 3 Karotten, je 100 g grüne Bohnen und Erbsen, 1 kleiner Kohlkopf, 450 g Kutteln vom Rind, in Streifen geschnitten, 1 Teelöffel Salz, je 1 Prise Majoran, Basilikum, Rosmarin, Safran, 2 Esslöffel Tomatenpüree, 3 Kartoffeln, Sbrinz oder Parmesan, gerieben

Zwiebel und Knoblauch fein hacken und mit dem Speck im Öl rösten, mit der Bouillon oder dem Weisswein ablöschen. Alles Gemüse (ohne die Kartoffeln) kleinschneiden und mit dem abgelöschten Speck, den Zwiebeln und dem Knoblauch in etwa 2 Liter Wasser aufsetzen. Die Suppe etwa 1 Stunde kochen lassen, dann die Kutteln beifügen, würzen, Tomatenpüree dazugeben und 15 Minuten weiterkochen. Jetzt noch die Kartoffeln, geschält und gewürfelt, dazugeben und etwa 20 Minuten zugedeckt leicht köcheln lassen.

Dazu geriebenen Sbrinz oder Parmesan servieren.

Cholermues

Kanton Unterwalden

Ein typisches Sennengericht aus den Bergen der Kantone Nidwalden und Obwalden. Die Zutaten erzeugten die Hirten selbst, und sie wussten damit geschickt, aber auch sparsam umzugehen. Etwas Schlimmeres als Betrug, als Verschwendung von Milch und anderen Nahrungsmitteln gab es einst und gibt es auch heute noch im Alpbetrieb nicht. Der Volkskundler R. Weiss erinnert in diesem Zusammenhang an die „Geistersennen", die zur Strafe noch heute Nacht für Nacht jeden verschütteten Tropfen Milch zusammensuchen und verkäsen müssen.

100 g Mehl, 3 Eier, 3 1/2 dl Rahm oder Milch (oder halb und halb), Salz, Butter

Aus den Zutaten einen ziemlich dicken Omelettenteig zubereiten. Etwas ruhen lassen. In heisse Butter geben und so lange backen, bis die Unterseite goldgelb ist. Dann wenden und sofort mit der Bratschaufel in Stücke zerkleinern. Weiterbacken, bis alle Stückchen schön hellbraun sind. Nach Belieben mit Zucker und Zimt bestreuen.

Dazu Apfel- oder Birnenmus servieren.

Coniglio al forno

Kanton Tessin

Dieses Kaninchen im Ofen entdeckten wir in Agarone nahe Locarno. Bei diesem dem Hasen verwandten Nagetier wird französischer Einfluss spürbar, denn die nordwestlichen Nachbarn haben eine grosse Vorliebe für Kaninchen. In der Küche unterscheiden sie streng nach Wildkaninchen, das wie Geflügel zubereitet wird, und dem zahmen Hauskaninchen, dem wir uns hier zuwenden. Kaninchenfleisch ist sehr zart, ohne aufdringlichen Eigengeschmack, kalorienarm, aber eiweiss- und mineralstoffreich. Es zählt zum weissen Fleisch, was uns aber nicht hindern soll, einen Tessiner Rotwein dazu zu servieren, denn erstens gelten die alten Regeln für Rot- und Weisswein in der ursprünglichen Strenge schon lange nicht mehr, und zweitens ist das Tessin eben ein Rotwein-Kanton.

1 junges Kaninchen, etwa 1000–1200 g, Salz, Pfeffer, 1/2 dl Öl, 100 g Butter, 2 Esslöffel Salbei, fein gehackt, 2 Esslöffel Rosmarin, fein gehackt, 4 Wacholderbeeren, 1 dl Weisswein, 1 dl Marsalawein

Das küchenfertige Kaninchen in grössere Stücke teilen, salzen und pfeffern und in einer Kasserolle im Ofen in Öl und Butter braun braten. Nach einer halben Stunde Salbei, Rosmarin und Wacholderbeeren mit etwas Weisswein und Marsala dazugeben. Mit dem restlichen Wein und Marsala immer wieder übergiessen (eventuell etwas warmes Wasser, falls der Jus verdampft und die Fleischstücke im Trockenen liegen). Das Kaninchen muss schön braun und knusprig gebraten sein, nicht zu trocken, nicht zu feucht. Bratzeit etwa 1 1/2 Stunden bei 200–250° C. Dazu Polenta, Reis oder Kartoffelstock und einen Tessiner Rotwein servieren. Sehr gut passen auch in Wein gedünstete Äpfel oder Birnen zu diesem Gericht.

Eglifilets in Weisswein

(für 6 Personen)

Der St. Galler Mönch Ekkehard IV. (um 980–1060) führt in der Chronik seines Klosters auch eine Liste der Fischsorten auf, die in der Klosterküche zubereitet wurden. Diese Liste reicht von Walfisch bis Stör, nennt aber auch Fische aus heimischen Gewässern, unter anderem den Barsch. In der Schweiz nennt man diesen bis zu 1 kg schweren Süsswasserfisch Egli, dessen Filets für diverse Gerichte sehr begehrt sind.

1 kg frische Eglifilets, Salz, Pfeffer, Zitronensaft, Worcestershiresauce, Mehl, 50 g Butter, 3 dl Doppelrahm, 2 dl trockener Weisswein, Streuwürze, 150 g frische Champignons, Petersilie

Eglifilets sauber waschen. Mit Salz, wenig Pfeffer, Zitronensaft und etwas Worcestershiresauce würzen, leicht mehlen und in einer Pfanne in Butter dünsten. Inzwischen in einem Topf Rahm und Wein erhitzen und etwa 5 Minuten leicht kochen lassen. Mit Salz, Pfeffer und Streuwürze nach Belieben würzen. Wenn Sie zum Fisch einen guten Weisswein trinken, was natürlich vorbehaltlos zu empfehlen ist, ist es ratsam, von diesem Wein auch für die Sauce zu nehmen, da sich die Qualität des Weines selbstverständlich auf eine gute Sauce auswirkt. Dann die Champignons sauber waschen und in feine Scheiben schneiden. Die Eglifilets auf einer vorgewärmten Platte anrichten. Die rohen Champignons darauf verteilen und die kochende Sauce darübergeben. Mit gehackter Petersilie bestreuen. Dazu Reis, ganz feine Nudeln oder Salzkartoffeln sowie Salate servieren.

Entenleber auf Austernpilzen

Der Austernpilz oder korrekt Austernseitling (Pleurotus ostreatus) siedelt sich mit Vorliebe an vom Blitz oder Windbruch gespaltenen Pappel- oder Buchenstämmen an. Dort schmiegt sich dann der braungraue Pilz nahezu stiellos dicht ans Holz, oft mehrere Meter hoch. Dieses Bild erinnert an Austern, die an Pfählen sitzen. In jungem und frischem Zustand ist der Austernpilz äusserst schmackhaft. Sie brauchen nach blitzgeschädigten Buchen und dem Austernpilz allerdings nicht mehr selbst zu suchen, denn seit einigen Jahren wird er kultiviert und immer häufiger angeboten.

Saft einer halben Zitrone, 1 Teelöffel Olivenöl, Salz, Pfeffer, 1–2 grössere Austernpilze, etwa 50 g (eine schöne Tranche von ca. 1 cm Dicke) frische Enten- oder Gänseleber, Mehl, 20 g Butter, Cassis- oder Weinessig, trockener Sherry

Aus Zitronensaft, Olivenöl, Salz und Pfeffer eine Marinade anrühren und die Austernpilze einige Minuten einlegen. Herausnehmen und im eigenen Saft auf beiden Seiten zart und kurz andünsten und warmstellen. Die Entenleber leicht salzen und pfeffern (aus der Mühle) und mit Mehl bestäuben. Beidseitig in Butter kurz anbraten, goldbraune Farbe nehmen lassen. Herausnehmen, warmstellen. Etwas von dem herausgelaufenen Fett auf die Pilze geben. Mit ein paar Tropfen Cassis- (schwarze Johannisbeeren) oder sonst einem sehr guten Weinessig ablöschen. Als weitere geschmackliche Note etwas trockenen Sherry in den reduzierten Fond geben, dann wieder auf die Hälfte einkochen lassen. Die Entenleber auf den Pilzen anrichten und mit der Sauce überziehen. Ein Glas Fendant oder Chablis dazu reichen.

BodaNova

Zuger Felchenfilets

Innerschweiz

In fast allen grösseren Seen der Schweiz ist der Felchen heimisch. Früher nannte man ihn in der Schweiz Albock, und im 16. Jahrhundert muss der Fisch in so riesigen Mengen vorgekommen sein, dass beispielsweise in Bern für den benachbarten Thunersee einschränkende Vorschriften erlassen werden mussten, um einem totalen Preisverfall zu begegnen.

Für die Mousse: 140 g Felchenfilets, 70 g Seezungenfilets, Salz, Streuwürze, Tabascosauce, 2 Eiweiss, 2 dl Rahm.
Für die Filets: 12 Felchenfilets, Salz, weisser Pfeffer, Zitronensaft, 50 g Butter, 6 Esslöffel Zwiebeln, fein gehackt, Petersilie, Schnittlauch, Estragon, Majoran, Thymian, Weisswein, 40 g Butter, 2 Esslöffel Mehl

Die Fischfilets in Stücke schneiden und in Salz, Streuwürze, Tabasco und Eiweiss marinieren. Den marinierten Fisch fein pürieren und den geschlagenen Rahm unterziehen.
Die zwölf mit Salz, Pfeffer und Zitronensaft eingeriebenen Felchenfilets auslegen und mit der Fischmousse etwa halbzentimeterdick bestreichen. Filets aufrollen und mit Holzspiesschen zusammenstecken. Pfanne ausbuttern, Zwiebeln, die fein gehackten Kräuter, Weisswein und die gerollten Felchen hineingeben. Mit Alufolie zudecken und im Ofen etwa 5 – 8 Minuten pochieren. 40 g Butter in einer kleinen Pfanne schmelzen lassen, 2 Esslöffel Mehl darin glattrühren, jedoch keine Farbe nehmen lassen. Mit dem Fischfond ablöschen und somit eine weisse Sauce herstellen, die man mit etwas Rahm verfeinert. Mit Salz und Pfeffer würzen und zur gewünschten Dicke einkochen lassen. Die Felchen damit überziehen. Dazu körnigen Reis und Salat servieren.

Rheinforelle in Champagner mit feinen Kräutern

Kanton Schaffhausen

Der Name Forelle bedeutet bunt, scheckig, gesprenkelt und passt exakt zum Aussehen dieses wohl begehrtesten Süsswasserfisches. Die Schweizer Flüsse und Seen sind zwar immer noch das Jagdrevier von Bach- und Lachsforelle, aber die ungeheuer gestiegene Nachfrage nach diesen Fischen liess sich letztlich nur noch durch die in Fischzuchten aufwachsende amerikanische Regenbogenforelle befriedigen. Wann immer Sie noch eine ganz frische, echte Naturforelle erhalten können – lassen Sie sich diesen Genuss nicht entgehen!

1 See- oder Flussforelle (1 – 1,2 kg) oder 2 kleinere Bachforellen (500 g), 150 g Butter, 50 g frische Petersilie, frischer Dill, Basilikum, Bohnenkraut, 1 Knoblauchzehe, 2 dl Champagner, Salz, Pfeffer, Saft einer halben Zitrone, Worcestershiresauce

Die Forelle ausnehmen und gründlich waschen. Die Butter schaumig rühren und die Petersilie sowie die Kräuter und den Knoblauch fein gehackt beigeben. Unter ständigem Rühren den Champagner beifügen und mit Salz, Pfeffer, Zitronensaft und Worcestershiresauce würzen. Die Forelle quer einschneiden und mit der Kräutermischung in starker Alufolie luftdicht einpacken, jedoch recht locker, damit die Forelle beim Erhitzen Platz hat aufzugehen. Im vorgeheizten Ofen bei etwa 250° C in rund 20 Minuten kochen. Mit Salzkartoffeln und grünem Salat servieren. Einen kühlen Weisswein vom Bodensee oder aus Schaffhausen dazu kredenzen.

19
81
SCHACHENMANN ★ SCHAFFHAUSEN
SCHACHENMANN A.G. WEINMANN ZU SCHAFFHAUSEN

Glarner Früchtebrot

Kanton Glarus

Zu Sankt Nikolaus, in der Schweiz *Samichlaus*, am 6. Dezember, werden allerorts noch Früchtebrote und Lebkuchen gebacken.

20 g Hefe, 1 1/2 dl Milch, 1 1/2 dl Wasser, 50 g Butter, 400 g Mehl, 1 Teelöffel Salz.
350 g Dörrbirnen, 150 g gedörrte Zwetschgen ohne Steine, 100 g Walnusskerne, 100 g Sultaninen, 1 Esslöffel Kirsch- oder Zwetschgenwasser, 50 g Zucker, 1 Teelöffel Zimt, je 1 Prise Nelkenpulver und Macis (Muskatblüte), 1 Eigelb

Hefe in lauwarmem Milchwasser anrühren, die flüssige Butter zugeben. Die Flüssigkeit in das mit Salz vermischte, gesiebte Mehl einrühren. Den Teig gut durcharbeiten, bis er glatt ist, dann mit einem Tuch bedeckt ca. 1 Stunde an einem warmen Ort gehen lassen.

Birnen und Zwetschgen über Nacht in kaltes Wasser einlegen. Im Einweichwasser 20 Minuten kochen, das Wasser abgiessen und die Früchte durch den Fleischwolf drehen. Die Nüsse grob hacken, die in Kirsch- oder Zwetschgenwasser eingelegten Sultaninen sowie Zucker und Gewürze unter das Fruchtmus mischen. Mit einem Drittel des Teigs durchkneten und daraus zwei längliche Brote formen. Den restlichen Teig auswallen, in zwei Rechtekke schneiden und die Früchtebrote darin einrollen. Die Enden übereinanderlegen und gut andrücken. Mit der Teignaht nach unten auf ein grosses Blech legen, mit einer Gabel oben mehrfach einstechen. 1 Stunde lang an einem warmen Ort aufgehen lassen. Dann mit verquirltem Eigelb bestreichen und im vorgeheizten Ofen bei 170° C etwa 1 Stunde backen.

Gebrannte Crème

Innerschweiz

Früher gab es am Sonntag zum Nachtisch manchmal gebrannte Crème. Für die Kinder war es die absolute Krönung des Mittagessens, es war das Dessert, worauf sie sich eine Woche lang oder länger freuten. An Werktagen bekamen sie bestenfalls einmal einen Apfel oder Dörrfrüchte. Diese Crème wurde deshalb zum Inbegriff von Sonntag, Feiertag oder Geburtstagsfest.

2 Eigelb, 130 g Zucker, 15 g Kartoffelmehl, 5 dl Milch, 1 Esslöffel Wasser, 1 Prise Salz, 2 dl Rahm

Eigelb und 30 g Zucker schaumig rühren. Daneben das Kartoffelmehl mit 1 dl Milch anrühren. Den restlichen Zucker in der Pfanne rösten, bis er braun ist und anfängt zu schäumen, das Wasser zugeben und mit der restlichen Milch auffüllen, eine Prise Salz einstreuen. Erhitzen, bis sich der Zucker aufgelöst hat. Mit dem angerührten Kartoffelmehl binden und aufkochen, unter Schwingen (mit dem Schneebesen schlagen) in die Ei-Zucker-Masse einrühren. Danach alles wieder zurück in die Pfanne giessen. Bis auf den Siedepunkt bringen, dann sofort vom Herd nehmen und erkalten lassen. Mit geschlagenem Rahm servieren.

Zürcher Geschnetzeltes

Kanton Zürich

Was den Russen ihr Filet Stroganoff ist, ist den Schweizern ihr Zürcher Geschnetzeltes. Beide Gerichte, das eine Rinds-, das andere Kalbsfilet, haben die Speisekarten der halben Welt erobert, und was unser *Züri Gschnätzlets* angeht, so dürfte hier zumindest gelten: oft kopiert, nie erreicht!

600 g Kalbsschnitzel (Plätzlifleisch), Mehl, 50 g Butter, 1 kleine Zwiebel, sehr fein gehackt, 1 dl Weisswein, Salz, Pfeffer, 1 dl Rahm

Die Kalbsschnitzel in schmale, dünne Streifen schneiden, mit dem Mehl überstäuben. Butter in einer Pfanne erhitzen und die Zwiebel glasig dünsten. Das Fleisch dazugeben und bei starker Hitze unter ständigem Wenden etwas über eine Minute anbraten, so dass das Fleisch rundum eine weisse Färbung annimmt. Mit dem Weisswein ablöschen, salzen, pfeffern (aus der Mühle) und noch 2 – 3 Minuten garen. Mit dem Rahm abbinden.

Und zum Schluss noch ein paar Tips für weitgereiste Feinschmecker, die es ganz genau wissen wollen: Experten nehmen das Geschnetzelte nach einer Minute aus der Pfanne, lassen es auf einem Sieb abtropfen. Aus dem Fleischsaft und dem Fond in der Pfanne wird unter Zugabe des Rahms eine Sauce angerührt und das Fleisch kurz vor dem Anrichten wieder dazugegeben. Übrigens – früher servierte man in Zürich zu diesem Gericht Hörnli und Apfelmus, heute ist Rösti untrennbar damit verbunden, wobei es opponierende Feinschmecker gibt, die einen feinen Reis als die allein seligmachende Beilage ansehen. So – nun wird es aber Zeit, Ihnen guten Appetit zum *Züri Gschnätzlets* zu wünschen.

Gratin Montagnard

Kanton Waadt

Durch das Überbacken oder Überkrusten (wie das deutsche Wort für Gratinieren lautet) wird ein Gericht nicht nur nahrhafter, sondern es verwandelt auch sein Aussehen vorteilhaft. Gratinieren bedeutet also: Überbacken einer fast gar gekochten Speise in einer feuerfesten Form im Ofen. Das Auge isst mit, deshalb sollten solche Kunstwerke *au gratin* sein, das heisst eine schöne braune Kruste aufweisen. Damit das Gericht beim Überbacken nicht anbrennt, fügt man ihm meistens etwas Flüssigkeit bei, sei es Rahm, Bouillon oder eine dickliche Sauce.

1 Liter Milch, Salz, 30 g Butter, 6 Esslöffel Griess, 250 g Greyerzer- oder Emmentalerkäse, etwas geriebene Muskatnuss, 4 Eigelb, 4 Eiweiss

In einer Pfanne lässt man Milch, Salz und Butter zusammen aufkochen, rührt dann langsam den Griess dazu und lässt alles auf kleinem Feuer zu einem dünnen Brei kochen. Der Käse wird in feine Scheiben geschnitten, dann unter den Griessbrei gemischt und so lange mitgekocht, bis er geschmolzen ist. Dann nimmt man die Masse vom Herd. Sobald sie ausgekühlt ist, rührt man die verklopften Eigelb dazu und zieht zum Schluss den steifen Eischnee darunter. Das Ganze wird zu zwei Drittel Höhe in eine ausgebutterte Gratinform gefüllt und im vorgeheizten Backofen eine gute halbe Stunde gebacken. Dazu grünen Salat und einen kühlen, fruchtigen Waadtländer Weisswein, etwa aus der Region Bonne Côte, servieren.

Holunder-Latwerge

Der schwarze Holunder (Sambucus nigra) ist ein bis acht Meter hoher Strauch oder Baum mit graubrauner Rinde. Die süsslich duftenden Blüten sitzen in grossen, flachen Blütenständen. Die Früchte sind kugelig, 5–8 mm gross, schwarz mit blutrotem Saft. Der Holunder wächst in unseren Gegenden von der Ebene bis gegen 1500 m Höhe wild in Laubwäldern, an Waldrändern und Rainen, angebaut auf den verschiedensten Kulturböden. Die Früchte enthalten einen Stoff, der das Fieber herabsetzt und schweisstreibend wirkt. Die Beeren kann man frisch essen oder zu Sirup oder Konfitüre verarbeiten. Der Begriff Latwerge bedeutet mundartlich soviel wie Fruchtmus und leitet sich aus dem griechischen *ekleiktón* ab, womit man eine Arznei bezeichnete, die man im Munde zergehen lassen kann. Und in der Tat kann unsere Holunder-Latwerge wegen ihres gesundheitlichen Wertes als eine Art Arznei angesehen werden, sie schmeckt aber auch vorzüglich und eignet sich als Beigabe zu Omeletten, als Brotaufstrich oder zur Zubereitung des Walliser Sii (siehe Rezept S. 192).

1 kg Holunderbeeren, 300 g Zucker, Muskat, Nelken

Die abgestreiften, gewaschenen Holunderbeeren bringt man auf kleinem Feuer in einer Pfanne mit ganz wenig Wasser langsam zum Platzen. Nachher treibt man sie durch ein Sieb, dann kocht man sie unter ständigem Rühren mit 300 g Zucker pro Kilo Fruchtmark so dick ein, bis die Masse in groben Flocken zäh vom Löffel fällt. Die Latwerge wird noch besser, wenn man gegen Schluss der Kochzeit mit wenig Muskat oder Nelken würzt.

Honig von Löwenzahnblüten

Der Löwenzahn hat viele Namen. In verschiedenen Schweizer Idiomen heisst er *Chrottepösche, Chueblueme, Souwblueme.* In Deutschland wird er zur *Pusteblume* wegen seines Fruchtstandes. Beim leisesten Windhauch lösen sich die Früchte und schweben wie kleine Fallschirmchen davon. Der Löwenzahn besitzt eine 10 – 30 cm lange Pfahlwurzel. Seine langen, schmalen Blätter, an beiden Seiten gezähnt, waren es wohl, die dieser Blume den gefährlich lautenden Namen Löwenzahn gaben. Die Blütezeit der Pflanze ist Ende Juni bis Oktober, und sie wächst von der Ebene bis hinauf auf 3000 m Höhe. Der Löwenzahn liebt nährstoffreichen, feuchten Boden. Ein altes Hausmittel ist die Zubereitung von Löwenzahntee aus Kraut und Wurzel. Er verspricht Heilung bei Leberleiden, Nierenstörungen, bei Gelbsucht und anderen Krankheiten.

1 Körbchen Löwenzahnblüten, Zucker

Zur Zubereitung des Honigs sammelt man ein Körbchen voll Blütenköpfe. Man zupft die gelben Blütenblättchen heraus, gibt sie in eine grosse Pfanne, fügt so viel Wasser bei, dass die Blüten davon knapp bedeckt sind, und lässt das Ganze 15 – 20 Minuten leicht kochen. Dann schüttet man Blüten und Wasser auf ein Haarsieb und fängt den abtropfenden Saft in einer darunter gestellten Schüssel auf. Auf einen Liter Saft rechnet man nun ein Kilogramm Zukker. Man kocht so lange, bis sich die Flüssigkeit zu einer honigähnlichen Masse verdickt. Dies dauert 2 – 3 Stunden. Der eingedickte Saft wird dann in vorgewärmte Fläschchen, am besten mit Bügelverschluss, abgefüllt und gut verschlossen. Sie haben für kalte Wintertage einen wohlschmeckenden Brotaufstrich oder eine gesunde Beigabe zum Tee.

Kalbsfilet Fischerzunft

Kanton Schaffhausen

Dieses Rezept stammt aus Schaffhausen und stellt gewissermassen ein Pendant zum Zürcher Geschnetzelten dar. Es ist zwar eine moderne Kreation der internationalen Schweizer Küche, aber die Verwendung von Kalbsfilet respektiert das Land, denn sicher nicht ganz zu Unrecht behaupten die Schweizer, das beste Kalbfleisch der Welt anzubieten.

8 frische Artischocken, Saft einer halben Zitrone, 1 Schalotte, 50 g Butter, 300 g Champignons, 100 g Eierschwämme, 2 dl Weisswein (Fendant oder Chablis), 2 dl Rahm, 1 dl Fleischbrühe, Salz, 1 Esslöffel grüner Pfeffer, Bohnenkraut, 480 g Kalbsfilet (8 Médaillons à 60 g), etwas Butter

Die Artischocken rüsten (putzen), wobei nur die Böden verwendet werden. Diese mit Zitronensaft einreiben und in Salzwasser nicht zu weich kochen. Die Schalotte fein hacken und in Butter dünsten. Die Champignons und Eierschwämme ebenfalls fein schneiden und der Schalotte beigeben, dünsten und mit dem Wein ablöschen. Den Wein auf die Hälfte reduzieren. Rahm beigeben und mit der Fleischbrühe zusammen leicht kochen lassen. Salz und Pfeffer nach Geschmack beifügen und zuletzt fein gehacktes Bohnenkraut darüberstreuen. Die Filets leicht salzen und in Butter von beiden Seiten etwa 1 Minute anbraten, sie müssen innen noch zart rosa sein. Die Artischockenböden auf einer Platte anrichten, mit Sauce füllen und die Kalbsmédaillons obenauflegen. Rösti oder Nüdeli dazu servieren und einen trockenen Weisswein.

GRAND VIN

Kartoffelgratin

Kanton Freiburg

Als die Kartoffelpflanze aus Südamerika nach Europa gebracht wurde, hatte sie keinen guten Ruf. Man war lange Zeit der Meinung, dass diese kuriose Pflanze mit den weisslich-gelben Blüten wohl hübsch anzusehen sei, dass sie sich aber nicht zum Essen eigne. Die trüffelähnlichen *Tartüffeln,* wie man die Kartoffeln damals ihrer Form nach nannte, galten als giftig, und vielfach wurde behauptet, dass der Genuss einer solchen *Teufelswurzel* beim Menschen Dummheit erzeuge! Dies ist Gott sei Dank erwiesenermassen nicht der Fall, denn was wären die Schweizer ohne Kartoffeln oder mit solchen, die dumm machen. An diesem herrlichen Gericht aus dem Kanton Freiburg können Sie sich allerdings tatsächlich dumm essen, so gut schmeckt es.

Butter für die Form,
750 g rohe Kartoffeln, in Scheiben geschnitten, Salz, Pfeffer, Muskat,
150 g Greyerzer, gerieben,
2 dl Milch, 1 Ei

Auflaufform ausbuttern. Abwechslungsweise Kartoffeln, Gewürze und Käse in die Form schichten. Milch und Ei miteinander vermischen und dazugeben. Ungefähr 1 Stunde im Ofen überbacken. Mit frischem Salat und einem Glas Weisswein servieren.

Kartoffel-Käse-Auflauf

Innerschweiz

Ein grosser Küchenchef, Johann Rottenhöfer, schrieb vor über hundert Jahren über die Kartoffeln: „Sie sind von allen Gemüsearten wohl das wichtigste Nahrungsmittel, welches der Schöpfer dem Menschen gegeben hat. Sie erscheinen auf den Tafeln der Kaiser und Könige wie auch in der Hütte des Bettlers, und die Kochkunst hat dafür gesorgt, dass sie zu einer reichen Auswahl von Speisen dem Menschen dienen." Die Schweizer haben sich dies besonders zu Herzen genommen, und es gibt wohl kaum ein anderes Land auf der Erde, das es versteht, so variantenreich mit Kartoffeln umzugehen.

1 kg Kartoffeln, Salzwasser,
4 Esslöffel Mehl, 4 Eigelb,
125 g Greyerzerkäse, gerieben,
125 g Sbrinz, gerieben, Salz, Muskat,
4 dl Milch, 4 Eiweiss, 30 g Butter

Kartoffeln waschen, schälen, in Würfel schneiden und im Salzwasser weichkochen. Leicht abdampfen lassen und durch das Passevite treiben. Unterdessen Mehl, Eigelb, Käse und Gewürze gut mit der Milch verrühren. Die Kartoffeln dazugeben, dann die geschlagenen Eiweiss unter die Masse ziehen. Das Ganze in eine ausgefettete Auflaufform füllen, mit Butterflocken bestreuen und im leicht vorgewärmten Ofen bei langsam zunehmender Hitze backen. Mit Nüsslisalat (Feldsalat) oder Kresse servieren.

Käserösti

Kanton Bern

Eine Rösti ist ihre Platte wert! Im Bernbiet hat die Töpferei eine grosse Tradition. Besonders schöne Röstiplatten entstanden vor allem in den Werkstätten in Langnau und Heimberg. Typisch sind ornamentale Dekors und Motive aus der Natur und aus dem Alltagsleben. Oft sind auf den Keramiken aber auch Lebensweisheiten oder fromme Sprüche, aber auch drollige und witzige Texte zu lesen, beispielsweise: „Unsere Magd kann gut kochen – Sie isst das Fleisch – Gibt uns die Knochen." Käserösti oder *Chäsröschti* gibt es natürlich auch in anderen Kantonen, vor allem in Uri, Appenzell, im Wallis und in Freiburg, eben überall dort, wo die Käseherstellung eine besondere Tradition hat.

1 kg Kartoffeln, in der Schale gekocht, 1 1/2 Esslöffel Butter, 100 g Speckwürfel und/oder eine in Scheiben geschnittene Zwiebel, Salz, 60 g Greyerzer, in Scheiben geschnitten

Die Kartoffeln schälen, raffeln. Die Butter in der Bratpfanne erhitzen, Kartoffeln, Speckwürfelchen und/oder Zwiebelscheiben hineingeben und mit Salz bestreuen. Wenn sich unten eine Kruste zu bilden beginnt, die Rösti wenden, die Käsescheiben hinzufügen, einen Kuchen formen und mit einem Deckel schliessen, damit der Käse schön zerlaufen kann, und alles goldgelb backen. Auf eine Platte stürzen. Käserösti passt hervorragend zu Bratwurst mit angebräunten Zwiebeln. Eine solche würzige Käserösti kann aber auch für sich mit viel grünem Salat und Wein oder Bier oder auch mit Milchkaffee eine reizvolle Mahlzeit darstellen.

PROVINS

Kastanien-Eintopf

Kanton Tessin

In einer alten Chronik aus dem Jahre 1658 steht: „Die Jungfrauschaft kann wohl einer Kestine verglichen werden, wann sie zum Feuer kommt, für sich selbsten aufspringt!“ Mit der *Kestine* ist natürlich unsere gute Kastanie gemeint. Aus dem lateinischen Wort *castanea* entstand das deutsche Wort Kastanie. In der schweizerischen Mundart ist das Wort Kestine zu *Cheschtene* verwandelt worden. Im milden Klima des Tessins gedeihen die Kastanienbäume prächtig, und ihre Früchte, die sehr gesund sind, waren früher ein wichtiges Nahrungsmittel. Die Maronen sind übrigens eine feinere Variante der Edelkastanie. Die Früchte dieses Baumes werden in der Schweiz seit mindestens den Pfahlbauern, also seit rund 5000 Jahren, geschätzt.

400 g Esskastanien oder Maronen,
1 mittelgrosser Kohlkopf,
400 g Kartoffeln, 400 g Speck,
4 Luganighe oder 4 gewöhnliche Schweinsbratwürste,
1/4 l Fleischbrühe

Die Kastanien einschneiden, etwa 10 Minuten kochen, dann schälen. Den Kohl in einzelne Blätter teilen und diese 5 Minuten in kochendes Salzwasser geben, dann gut abtropfen lassen. Kartoffeln schälen, in Würfel schneiden, den Speck ebenfalls würfeln und die Würste in dicke Scheiben teilen. Eine feuerfeste Form mit der Hälfte der Kohlblätter auslegen, dann die mit Kartoffeln, Speck und Wurstscheiben vermischten Kastanien daraufgeben. Fleischbrühe dazugiessen und mit den restlichen Kohlblättern überdecken. Die Form mit einem Deckel schliessen und im vorgeheizten Ofen bei etwa 180° C eine gute Stunde kochen. Dazu ein Glas Tessiner Rotwein, einen Merlot etwa, reichen.

Kirschenbrottorte

Kanton Basel

Auch ein Merkmal der Küche in früheren Zeiten war der Wille, mit den wenigen Grundnahrungsmitteln doch abwechslungsreich zu kochen und neue Kombinationen von Speisen zu erfinden. Es bestand daneben die Notwendigkeit, haushälterisch mit Nahrung umzugehen. Dazu gehörte die Verwertung aller noch vorhandenen Reste. Aus altbackenem Brot wurden beispielsweise die Brottorten mit den verschiedensten Füllungen gezaubert. Die Basler verstehen sich noch heute meisterhaft auf die Zubereitung von süssen Speisen und Desserts, was auch dieses alte Rezept beweist.

6 altbackene Weggli (Semmeln), 1/2 Liter Milch, 4 Eier, 2 Esslöffel Zucker, 1 Teelöffel Vanillezucker, 150 g geriebene Mandeln, 2 dl Rahm, 2 Esslöffel Kirsch, abgeriebene Schale einer Zitrone, 1 Messerspitze Zimt, 1 kg schwarze Kirschen, Puderzucker

Die Weggli in kleine Stücke brechen, dann mit lauwarmer Milch übergiessen und nach ein paar Minuten durch das Passevite (Passiergerät) treiben. Dann rührt man die 4 Eigelb, Zucker, Vanillezucker, Mandeln, Rahm, Kirsch, Zitronenschale und Zimt dazu und mischt am Schluss die Kirschen unter die Masse. Zuletzt zieht man die steifgeschlagenen Eiweiss sorgfältig unter den Teig, füllt diesen in eine ausgefettete Springform von ca. 24 cm Durchmesser und bäckt den Kuchen im vorgeheizten Ofen bei mässiger Hitze 40 – 50 Minuten. Nach dem Erkalten aus der Form lösen, mit Puderzucker überstäuben.

Zuger Kirschtorte

Kanton Zug

Für die Nuss-Böden (Japonais-Böden): 4 Eiweiss, 125 g Puderzucker, 100 g geriebene Haselnüsse, 20 g Stärkemehl. Für die Biscuit-Böden: 3 Eier, 3 Esslöffel Wasser, 75 g Puderzucker, 50 g Mehl, 50 g Stärkemehl, 1 Messerspitze Backpulver, abgeriebene Schale einer halben Zitrone. Für die Buttercreme: 150 g Butter, 150 g Puderzucker, 1 Eigelb, 4 Esslöffel Zuger Kirschwasser. Für die Torte: 4 Esslöffel Kirschwasser, 125 g gehackte und geröstete Haselnüsse, 100 g Puderzucker

Für die Nussböden die Eiweiss steif schlagen, mit der Hälfte des Zuckers gut verrühren. Restlichen Zucker, Nüsse und Stärkemehl vermischen und unter die Eiweissmasse ziehen. In einer Springform (24 cm) auf Alufolie zwei gleichgrosse Böden aufspritzen und je 20 Minuten bei 150° C backen. Für die Biscuitböden die Eigelb mit 3 Esslöffel Wasser schaumig rühren und 65 g des Puderzuckers dazurühren. Die Eiweiss und den restlichen Zucker steif schlagen, auf die Eigelbmasse geben und alles mit Mehl und Stärkemehl, Backpulver und Zitronenschale unterziehen. In der Springform auf Alufolie in 20 Minuten bei 180° C backen.

Für die Buttercreme die Butter schaumig rühren, Puderzucker und Eigelb langsam dazugeben, zum Schluss das Kirschwasser unterrühren. Einen Nussboden mit Buttercreme bestreichen, Biscuitboden aufsetzen und mit Kirschwasser tränken. Eine weitere Schicht Buttercreme aufstreichen und den zweiten Nussboden aufsetzen. Die Torte mit der restlichen Buttercreme bestreichen, mit den Nüssen bedecken und Puderzucker überstreuen. Rautenförmige Muster in den Überzug ziehen.

Basler Leckerli

Kanton Baselstadt

In der schönen alten Stadt Basel führt vom Nadelberg hinunter zur Schneidergasse das sogenannte Imbergässlein. Hier lebten früher die Lebkuchenmacher der Stadt, kurz Lebküchner genannt, die zur Herstellung ihrer würzigen und duftenden Ware Ingwer benützten, und aus dem Namen dieses Gewürzes leitete sich das Imbergässlein ab. Hier entstanden auch die heute weltbekannten Basler Leckerli, die auf eine immerhin über 600jährige Tradition zurückblicken können. Basler Leckerli werden ganz ohne Fett zubereitet. Das Ingwergewürz hat im Laufe der Zeit dem preiswerteren Orangeat und Zitronat Platz gemacht, Sie können aber selbstverständlich ohne weiteres auch dieses rassige Gewürz mit in die Leckerli verarbeiten.

375 g Honig, 250 g Zucker,
12 g Pottasche, 1 Schnapsglas
Kirschwasser, je 65 g gehacktes
Zitronat und Orangeat,
90 g gehackte Mandeln, etwas Zimt,
1/2 Teelöffel Nelkenpulver, Muskat,
625 g Mehl, etwas Backfett

Honig im Topf erhitzen, mit dem Zucker verkochen und die Mischung abkühlen lassen. Pottasche in Kirschwasser auflösen und dazugeben. Zitronat, Orangeat, Mandeln, Gewürze und Mehl nach und nach einarbeiten, den Teig über Nacht kühlgestellt ruhen lassen. Am nächsten Tag den Teig gut messerrückendick ausrollen, auf dem gefetteten Backblech 20 Minuten bei 200° C backen, etwas abkühlen lassen und beliebig schneiden.

FEUER

Manzo brasato al Merlot

Kanton Tessin

Schon der italienische Name dieses Rindsbratens lässt auf ein Gericht aus südlichen Regionen schliessen, eindeutig tessinerisch wird es jedoch spätestens mit dem Merlot. Diese Rotweintraube wächst heute auf rund der Hälfte aller Tessiner Rebberge, obwohl sie erst vor rund 75 Jahren dort eingeführt wurde. Sie erwies sich für die klimatischen Verhältnisse des Tessin als am geeignetsten. Von allen Schweizer Rotweinen benötigt der Merlot die längste Reifezeit, ist aber auch am längsten haltbar und kann bei Spitzenjahrgängen bedenkenlos bis zu zehn Jahren gelagert werden.

1 kg Rindfleischbraten, gespickt, Salz, Pfeffer, 3 Esslöffel Öl, 100 g Karotten, in Würfel geschnitten, 50 g Sellerie, in Würfel geschnitten, 150 g Zwiebeln, in Würfel geschnitten, 50 g Tomatenpüree, 3 dl Rotwein (Merlot), 4 dl Bratensaft (Jus), 1 Lorbeerblatt, 2 Nelken

Den Rindsbraten mit Salz und Pfeffer würzen. Öl in der Pfanne erhitzen und das Fleisch darin anbraten. Fleisch herausnehmen. Nun Karotten, Sellerie und Zwiebeln im Fond gut rösten. Tomatenpüree beigeben und kurz mitrösten. Mit Merlot ablöschen, etwas einkochen lassen. Mit Bratenjus auffüllen, das Fleisch wieder hineinlegen, Lorbeerblatt und Nelken zugeben und zugedeckt 1 – 1 1/2 Stunden langsam kochen lassen. Die Sauce passieren, mit Salz und Pfeffer abschmecken, eventuell mit Mehl noch etwas abbinden, über das in Scheiben geschnittene Fleisch giessen. Dazu Polenta servieren und natürlich ein Glas Tessiner Merlot.

Basler Mehlsuppe

Kanton Baselstadt

Irgendwann zwischen dem 8. Februar und dem 15. März überfällt die Basler ein eigenartiger Bazillus, dessen Auswirkungen sie sich nicht entziehen können. Es ist der Fasnachtsbazillus, dessen Krisis stets drei Tage wirkt, und zwar vom frühesten Morgen bis in die späte Nacht. Am Fasnachtsmontag beginnt pünktlich um vier Uhr in der Frühe der legendäre Morgenstraich: Cliquen ziehen mit *Drummeli* (Trommeln), *Piccolos* (Pfeifen), *Stäggeladärne* (kunstvoll bemalte Laternen an einem Stab), Kopflaternen, fratzenhaften Masken und bunten Kostümen durch das alte Basel. Um sieben Uhr endet dieses Spektakel, und dann gibt es zur Stärkung *Mählsupp* und *Zibelewaije* (Zwiebelkuchen).

50 g Butter, 50 g Mehl, 1 kleine Zwiebel, 1 Liter Wasser, 1/2 Liter Fleischbouillon, Salz, Pfeffer, Muskat, Majoran, geriebener Käse (Sbrinz)

Butter erhitzen und das Mehl darin braun rösten. Dabei mit einem Holzlöffel ständig umrühren, denn eine Basler Hausfrau wird als solche nur akzeptiert, wenn das Mehl weder Klumpen bildet noch angebrannt ist! Die feingehackte Zwiebel beifügen und mitdämpfen. Wasser mit Bouillon in die Pfanne giessen und mindestens eine Dreiviertelstunde sanft kochen lassen. Mit Salz, Pfeffer, Muskat und Majoran nach Belieben würzen. Den Käse darüberstreuen und servieren.

Minestrone

Kanton Tessin

„Alles, was man habe, und es soll einen nicht reuen, hineingeben und man bekomme eine feine Minestra!“ Diese Suppe wurde schon seit frühesten Zeiten in unserem Lande unter dem Namen *Manestre* gekocht, und das schweizerdeutsche Wörterbuch leitet die Bezeichnung aus dem lateinischen Wortschatz ab, wo *ministrare* soviel wie zudienen oder auftragen bei Tische bedeutet. Ist *Minestra* eine Suppe schlechthin, so ist die oder der *Minestrone* stets eine Gemüsesuppe mit Teigwaren.

100 g Speck, in Würfel geschnitten, 1 Esslöffel Olivenöl, 1 grosse Zwiebel, fein gehackt, 1 Stück Ochsenschwanz, 1 Tasse Borlottibohnen, eingeweicht, 1 Tasse weisse Bohnen, eingeweicht, 500 g frisches Gemüse, klein geschnitten (Karotten, Kohlrabi, Blumenkohl, Lauch, Sellerie, Kohl, Erbsen), 300 g frische Tomaten, geschält, 2 1/2 Liter Wasser, Salz, Pfeffer, Petersilie, Majoran, Basilikum, Estragon, Thymian, Lorbeerblatt, 1 Knoblauchzehe, 1 Tasse Reis, 3 Kartoffeln, in Würfel geschnitten, 1 Tasse Makkaroni, 1/4 Liter Rotwein, Sbrinz, gerieben

Den Speck im Öl glasig braten, dann die Zwiebel hinzufügen, den Ochsenschwanz, die Bohnen, alle Gemüse und auch die Tomaten beigeben und alles in 5 – 8 Minuten dämpfen. Mit dem Wasser ablöschen, salzen und würzen, das Lorbeerblatt und die zerdrückte Knoblauchzehe beifügen. Die Suppe auf mittlerem Feuer gut zugedeckt eine halbe bis dreiviertel Stunde kochen lassen. Dann Reis, Kartoffeln und Teigwaren beifügen, mit dem Wein abschmecken und auf kleinem Feuer garkochen. Mit dem Reibkäse überstreut servieren.

Mischtchratzerli

Kanton Zürich

Es war einmal, fast verdeckt von schwerbeladenen Obstbäumen, von der Abendsonne vergoldet, ein behäbiger Bauernhof, Haus und Stall, davor ein grosser dampfender Miststock und auf ihm junge, weisse Hähnchen, emsig darin herumkratzend, unermüdlich pickend, und sie wurden wohlgenährt, nicht fett, gerade richtig ... für ein Gericht, das in vielen Abwandlungen bekannt und beliebt ist. Wichtig für den feinen, aromatischen Geschmack der *Güggeli* ist tatsächlich, dass sie frei umherlaufend aufgewachsen sind. Achten Sie beim Einkauf darauf, auch wenn ein solches Landhähnchen etwas teurer sein sollte als die Massenware aus den Batteriebetrieben.

2 Mistkratzerli (Hähnchen), Salz, Paprika, Streuwürze, 1 Esslöffel Butter, 1/2 Zwiebel, gehackt, 1 Karotte, gewürfelt, 1 Sellerie, gewürfelt, 1 Stange Lauch, gewürfelt, 1 dl Weisswein, 150 g Champignons, blättrig geschnitten, 2 dl Rahm, 1 Teelöffel Butter, 1 Teelöffel Mehl

Die Hähnchen vierteilen, würzen und bei mittlerer Hitze in der Bratpfanne in Butter etwa 20 Minuten braten. Zwiebeln und Gemüse dazugeben, kurz andämpfen, den Wein und die Pilze hineingeben. Nach 5 Minuten die Hähnchen aus der Pfanne nehmen und zugedeckt warmstellen. Das Gemüse 10 – 15 Minuten weiterdünsten. Rahm dazugiessen, kurz aufkochen, die Mehl-Butter-Mischung dazurühren, abschmecken und über die Hähnchen verteilen. Dazu Butter-Nüdeli und einen kühlen Weisswein oder Rosé (Clevner) von den Hängen am Zürichsee.

Mousse au chocolat

Mag sein, dass dieses klassische Dessert der *haute cuisine* Frankreichs entsprang, aber die Schweizer Küchenchefs übernahmen es mit Begeisterung, und sie können schliesslich ja die Hauptzutat, die Schokolade, aus dem eigenen Land in vollendetster Qualität dazu verwenden. Zur Entwicklung des Schokoladenschaums trugen übrigens auch die Spanier bei, denn sie waren es, die bei ihren Eroberungszügen im 16. Jahrhundert die Kakaobohnen bei den Mexikanern kennenlernten, die ein daraus bereitetes Getränk *xocolatl* nannten. Geht es Ihnen übrigens auch wie vielen Ihrer Mitmenschen, dass Sie nämlich von Zeit zu Zeit ein unstillbares Verlangen nach einer guten Tafel Schokolade haben? Das liegt wahrscheinlich an dem im Kakao enthaltenen Stoff Theobromin, der anregend wirkt und Ihr Kalorienbewusstsein gelegentlich ins Schwanken bringt. Ganz so schlimm ist es allerdings mit unserer guten Schokolade nicht bestellt, wie der Wiener Arzt Johann Franz Rauch anno 1722 meinte, als er die Schokolade für die Wurzel allen Lasters hielt!

300 g dunkle Schokolade (Edelbitter), 2 Esslöffel Milch, 6 Eigelb, 120 g Zucker, 5 dl Rahm

Schokolade unter Beigabe von Milch in einer Pfanne bei mässiger Wärme schmelzen lassen. Inzwischen Eigelb und Zucker schaumig rühren. Die flüssige Schokolade langsam darunterziehen. Rahm steif schlagen und unter die Schokoladenmasse ziehen. In eine Schüssel füllen und 4–6 Stunden im Kühlschrank erkalten lassen.

Neuenburger Fondue

Kanton Neuenburg

Das Fondue ist wie die ebenso bekannte Rösti sozusagen ein schweizerisches Nationalgericht. Um einen Tisch sitzen die Esser und tunken mit dem auf die Gabel gesteckten Stück Brot die flüssige Käsemasse auf. Das Fondue wird während des Essens auf einem Spirituskocher mit regulierbarer Flamme leise köchelnd gehalten. Die ganze Tafelrunde isst aus dem *Caquelon,* einem nur für diese Speise hergestellten feuerfesten Gefäss mit einem Stiel. Viele Fondueexperten tauchen auch ihr Stückchen Brot mit der Gabel zunächst in Kirschwasser, bevor sie es in die Käsecreme stippen.

1 Knoblauchzehe, 4/10 Liter Neuenburger Weisswein, 4 Teelöffel Zitronensaft, 300 – 400 g geriebener Emmentaler, 300 – 400 g geriebener Greyerzer, 1 Gläschen Kirschwasser, 1 gehäufter Teelöffel Stärkemehl, Pfeffer, Muskat oder Paprika, in Würfel geschnittenes Weissbrot, das nicht zu frisch sein sollte

In einem mit einer Knoblauchzehe ausgeriebenen Caquelon den Weisswein mit dem Zitronensaft erwärmen und unter stetem Rühren den Käse dazugeben. Bei guter Hitze aufkochen lassen, dann das mit dem Kirsch angerührte Stärkemehl beifügen. Kurz weiterköcheln lassen, mit Pfeffer, Muskat oder Paprika würzen. Von der Kochplatte auf den Spirituskocher setzen und mit dem Essen beginnen. Dabei immer wieder mit den auf Gabeln gespiessten Brotstücken das Fondue umrühren, damit es sämig bleibt und nicht ansetzt. Dazu trinkt man schwarzen Tee, der bekömmlicher ist als Weisswein, der aber selbstverständlich wahlweise ebenfalls angeboten werden kann.

Nudelgratin valaisanne

Kanton Wallis

In unserem Sprachgebrauch müssen die Nudeln für mancherlei Begriffe herhalten. Eine Mutter sagt beispielsweise zu ihrem Kinde: „Warte nur, ich will dich nudeln", wenn eine kleine Strafe fällig ist. Oder mit jemandem muss man Mitleid haben, wenn er im Leben unverdienterweise schwer *genudelt* wurde. Sehr viel besser wird es Ihnen mit diesem Nudelgratin ergehen.

3 Liter Salzwasser, 300 g Nudeln, 400 g kleine Zucchetti, in Scheiben geschnitten, 500 g Tomaten, geschält, in Scheiben geschnitten, 1 Esslöffel Öl, 400 g Schweinefleisch, geschnetzelt, 1 Esslöffel Mehl, 2 Zwiebeln, gehackt, 2 Knoblauchzehen, gepresst, 1 dl Rotwein, 1 Esslöffel Bratensaucenextrakt (Pulver), 1/2 Teelöffel Salz, Pfeffer, 1 Teelöffel Thymian, fein gehackt, 50 g Alpkäse, gerieben, 30 g Butter

Salzwasser aufkochen, Nudeln hineingeben und etwa 10 Minuten *al dente* kochen. Die Zucchetti und Tomaten in einer separaten Pfanne in wenig Wasser 5 – 10 Minuten dünsten. Das Öl in der Bratpfanne erhitzen, Fleisch hineingeben, Mehl darüberstäuben und unter Wenden anbraten. Zwiebeln und Knoblauch beigeben, mitdämpfen. Mit dem Wein ablöschen, das Saucenpulver dazumischen, würzen. Nudeln, Gemüse und Fleisch lagenweise in eine gefettete Gratinform geben. Geriebenen Käse und Butterflocken darüber verteilen und bei guter Hitze 30 Minuten gratinieren. Dazu einen Walliser Rotwein, etwa einen Dôle, servieren.

Nytlärys

Kanton Uri

Nytlä oder *Nidle* bedeutet nichts anderes als Rahm. *Rys* ist unschwer als Reis zu erkennen. Dieser Rahmreis stammt aus den Urner Alpen. Die Küche der Sennen blieb, auch in ihrer üppigsten Form, deftig und bescheiden. Dieser Umstand hat den Grund darin, dass die Männer an haltbaren Nahrungsmitteln nur Teigwaren, Reis, Zucker, Salz, Mehl, etwas Gewürze und vielleicht noch Zwiebeln, Knoblauch und gedörrte Kastanien in bescheidenen Mengen mit auf die Alp nehmen konnten. Doch haben sie aus diesen einfachen Zutaten oft erstaunlich kreative Gerichte gezaubert.

2 Liter Milch, 2 Teelöffel Salz,
450 g Reis, 1/4 Liter Rahm,
4 – 5 Esslöffel Butter, Pfeffer, Salz

Die Milch salzen und aufkochen lassen. Den Reis hineingeben und unter gelegentlichem Rühren eine Viertelstunde leicht kochen lassen. Den Rahm zugiessen und weiterkochen lassen, bis der Reis gar und saftig ist (notfalls noch etwas Rahm dazugeben). Vor dem Servieren die Butter unterziehen und nach Belieben mit Pfeffer und Salz kräftig abschmecken. Dazu serviert man traditionell Apfelmus und Milchkaffee.

Ofenguck

Innerschweiz

Wohl kaum ein anderes Nahrungsmittel ist von Natur aus so gut verpackt und gegen äussere Einflüsse geschützt wie das Ei. Seine poröse, aber doch verhältnismässig stabile Kalkschale gestattet einen Luft- und Wasseraustausch, lässt aber bei sachgemässer Lagerung Bakterien nur schwer eindringen. Die vier Eier in unserem Rezept aus der Gegend um Zug geben dem Ganzen ein lustiges Aussehen, und schon der sympathische Name regt eigentlich so richtig zum Nachmachen an. Übrigens eignen sich solche Zubereitungen sehr gut für die Resteverwertung, also wenn zum Beispiel einmal eine größere Menge Kartoffelstock übriggeblieben sein sollte.

1 kg Kartoffeln, 60 g Butter, Muskat, Salz, 4 Eier, 200 g Schinken, in feine Würfel geschnitten, 100 g Speck, in Würfel geschnitten, Pfeffer, Majoran, 3 Esslöffel Sbrinz, gerieben

Kartoffelstock zubereiten, Butter beifügen und mit Muskatnuss und Salz abschmecken. Die Eiweiss und Eigelb sorgfältig trennen, so dass das Eigelb ganz bleibt. Unter den Kartoffelstock die locker geschlagenen Eiweiss und die Schinkenwürfel ziehen. Die Masse bergartig in eine gebutterte Auflaufform füllen, mit den Speckwürfeln spicken. Mit einem nassen Esslöffel auf halber Höhe in allen vier Windrichtungen eine Vertiefung in die Masse drücken, je ein Eigelb vorsichtig hineinsetzen, Pfeffer und Majoran darüberstreuen. Zum Schluss Sbrinz daraufgeben und den Ofenguck im vorgeheizten Ofen bei etwa 220° C 10 – 15 Minuten gratinieren.

Ofetori

Kanton Nidwalden

Durch das *Ofetori,* die Ofentüre, geht dieses Gericht. Und ein Backofen kann Wunder wirken! Durch seine Hitze verwandelt er einen simplen Kartoffelstock in einen vergoldeten Berg kulinarischer Köstlichkeit, gespickt mit dunkelbraun überkrusteten, würzigen Specknägeln. Die Nidwaldner trinken zu dieser Mahlzeit *Ghürotnigs* (von „verheiratet"). Dieses Getränk besteht zu gleichen Teilen aus süssem und vergorenem Most.

800 g Kartoffeln, 1 Ei, 1 dl Rahm, 20 g Butter, 3 Esslöffel geriebener Sbrinz, Muskat, 200 g magerer Speck, Butterflocken

Den Kartoffelstock zubereiten und mit dem verquirlten Ei, dem Rahm, der weichen Butter, dem Käse und einer Prise Muskat gut mischen. Eine Gratinform gut ausbuttern, die Kartoffelmasse einfüllen und mit einem Messer leicht gewölbt glattstreichen. Speck in kleine Stäbchen schneiden und in die Kartoffelmasse stecken, so dass man sie noch sehen kann. Einige Butterflocken darüber verteilen. Im vorgeheizten Backofen bei guter Mittelhitze 20 – 25 Minuten backen. Die Oberfläche muss schön braun sein. Mit viel Salat servieren.

Omble chevalier in Sauce genevoise

Kanton Genf

Der *omble chevalier* gehört zur Familie der Saiblinge und Rötel. Im Genfersee fühlt sich dieser „ritterliche“ Fisch offenbar besonders wohl, und hier entfaltet er sein delikates Aroma sehr ausgeprägt. Berühmt ist die Zubereitung in Genfer Sauce, so wie es unser Rezept beschreibt.

50 g frische Butter, 3 Schalotten, Petersilie, Schnittlauch, Thymian, Rosmarin, Estragon, 4 Saiblinge, Saft einer Zitrone, Salz, Pfeffer, 1 dl Weisswein vom Genfersee, 1 dl Wasser, 1 Zitrone. Für die Sauce: 50 g Mehl, 60 g Butter, Fischsud, 2 dl Rahm oder Milch, 2 Esslöffel Weisswein, Salz, Pfeffer, 2 Eigelb

In einer Kasserolle in der heissen Butter die feingehackten Schalotten hellgelb dämpfen. Die feingehackten Kräuter hineingeben und mitdämpfen. Die sauber ausgenommenen und gewaschenen Fische innen gut abtrocknen und mit Zitronensaft würzen, in die Kasserolle legen, salzen und pfeffern. Mit einer Mischung aus Wein und Wasser aufgiessen. Noch etwas Zitronensaft darüberträufeln und zugedeckt im vorgeheizten Backofen etwa 15 Minuten ziehen lassen. Die Fische aus dem Sud nehmen und mit Zitronenachteln auf einer heissen Platte anrichten, warmstellen.

Das Mehl in der Butter rösten, mit dem Fischsud ablöschen und die Sauce glattrühren. Rahm und Wein beifügen, mit Salz und Pfeffer abschmecken. Wenn die Sauce zu kochen beginnt, vom Feuer nehmen und mit 2 Eigelb glattrühren. Nochmals kurz erhitzen und über die Fische giessen.

Papet vaudois

Kanton Waadt

Papet vaudois ist ein Lauchgericht mit Waadtländer Würsten. Eine feine, saftige Wurst ist auch heute noch eine Delikatesse. Nicht umsonst geht es bei Wettkämpfen so oft „um die Wurst", das heisst im übertragenen Sinne, um den ersten Preis. „Eine Wurst über den Zaun und eine Wurst herüber erhält die Freundschaft", behaupten diejenigen, die sich als verträgliche Nachbarn gegenseitig Hilfe leisten.

1 kg Gemüselauch, 2 kleine Zwiebeln, 1 Esslöffel Butter, Salz, Pfeffer, 2 dl Weisswein, 1 dl Bouillon, 600 g Kartoffeln, 1 Saucisse aux choux, 1 Saucisse au foie oder 1 Saucisson vaudois (Waadtländer Wurstspezialitäten), 2 Esslöffel Butter, 2 Esslöffel Mehl, 2 dl Milch, Salz, Pfeffer, Muskat

Den Lauch waschen und in etwa 4 cm lange Stücke schneiden. Die gehackten Zwiebeln in Butter dünsten, den Lauch beifügen und kurz mitdämpfen. Mit Salz und Pfeffer würzen, Weisswein und Bouillon zugeben und zugedeckt 10 Minuten kochen. Eine Tasse Lauchsud entnehmen und zur Seite stellen. Die geschälten und gewürfelten Kartoffeln beifügen und etwa 10 Minuten weiterkochen. Zuletzt die Würste 20 Minuten lang im Lauchgemüse ziehen lassen. Butter in einem separaten Pfännchen erhitzen, Mehl dazugeben und kurz mitdünsten. Mit Milch ablöschen und mit dem Lauchsud auffüllen. Mit Salz, Pfeffer und Muskat würzen, 10 Minuten kochen lassen und die Sauce dem Lauch beigeben. Beim Anrichten die Würste aus der Pfanne nehmen, kurz heiss abspülen, einstechen und auf dem Lauchgericht servieren.

Dazu passt ausgezeichnet ein Glas Waadtländer Wein, ein Aigle oder ein Dézaley etwa.

Polenta

Kanton Tessin

Der Begriff *Polenta* ist lateinischen Ursprungs (*puls, pultes, pulmentum*), wurde aber ursprünglich nicht für das bekannte Maisgericht verwendet, sondern für einen gemischten Brei aus verschiedenen Getreidearten, meist Hirse oder Weizen. Polenta war das Hauptnahrungsmittel der Römer. Im Tessin wird eine echte Polenta folgendermassen zubereitet: Jemand, der sehr viel Zeit hat, ein Cheminée mit einem zünftigen Holzfeuer und einem grossen Kupferkessel besitzt, bereitet aus den nötigen Zutaten den Maisbrei zu und rührt und rührt ihn bis zu vier Stunden lang zu einer feinen, würzigen, goldenen und dicken Polenta! So einfach die Zutaten sind, so schwierig ist es, eine wirklich vollendete Polenta seinen Gästen präsentieren zu können.

1 genügend grosse Pfanne oder ein Kupferkessel, 1 1/2 Liter Wasser, Salz, 1 Holzkelle, 500 g Maismehl, grobkörnig oder mittelfein gemahlen

1 1/2 Liter Wasser aufkochen lassen, Salz beifügen und unter stetem Rühren 500 g Maismehl hineinrieseln lassen. Immer weiterrühren, stets in der gleichen Richtung, damit keine Klumpen entstehen. Die Hitze verringern, weiterrühren. Nach etwa 40 – 45 Minuten die Polenta auf ein Holzbrett stürzen. Mit einem Leinentüchlein bedeckt auf den Tisch bringen, wo die dampfende Polenta mit einem Holzmesser oder einem Faden in Scheiben geschnitten wird. Dazu passt hervorragend eine würzige Steinpilzsauce und ein Glas Merlot.

Polenta, fasöö e luganighe

Kanton Tessin

Im Tessin wird seit Anfang des 17. Jahrhunderts Mais angebaut, und es ist daher nicht verwunderlich, dass die Polenta dort noch weit verbreitet ist. *Fagioli* nennt der Italiener die weissen Bohnen, die der Tessiner Dialekt zu *Fasöö* umwandelt. Und *Luganighe* ist eine Tessiner Wurstspezialität aus Schweinefleisch.

1/2 kg Maismehl, 1 Zwiebel, grob gehackt, 2 – 3 Esslöffel Öl, 2 Knoblauchzehen, grob gehackt, 2 Esslöffel Tomatenpüree, 1 kg weisse Bohnen (über Nacht eingeweicht), 1/4 Liter Bouillon, Pfeffer, Salz, 1 Prise Muskat, 4 Luganighe oder Tessiner Salsiz, Weisswein

Die Polenta zubereiten, indem man das Maismehl in 2 Liter kochendes Salzwasser einlaufen lässt. Mit einem Holzlöffel fortlaufend umrühren. Dann noch 1 Stunde köcheln lassen. Inzwischen die Zwiebel im heissen Öl andünsten. Knoblauch, Tomatenpüree und die abgetropften Bohnen beifügen. Mit der Bouillon ablöschen, Pfeffer, Salz und Muskat zugeben und die Bohnen auf mittlerer, dann auf kleinerer Hitze garkochen. Die Würste in eine erhitzte Gusspfanne legen und so viel Weisswein darübergiessen, dass sie ganz bedeckt sind. Aufkochen lassen und so lange auf kleinem Feuer köcheln, bis der Wein vollständig verdampft und das Fett aus den Würsten herausgetreten ist. Wenn nötig, noch ganz wenig Fett beifügen und die Würste allseitig knusprig braten. In Scheiben schneiden und auf den weissen Bohnen anrichten. Die fertige Polenta auf eine Platte oder einen Holzteller stürzen, in Scheiben schneiden und zu den Bohnen geben. Dazu passt ausgezeichnet ein Gläschen Weisswein.

Pommes farcies

Genfersee-Gebiet

Im Gebiet um den Genfersee sind raffinierte Kompositionen mit Hackfleisch sehr beliebt. Neben dem Poireau farci, dem gefüllten Lauch aus dem Waadtland, ist dieses Rezept der gefüllten, gebratenen Äpfel besonders originell.

300 g Hackfleisch (je 100 g Rind, Schwein, Kalb), 1 Zwiebel, gehackt, 1 Büschel Petersilie, gehackt, Fett, Mehl, 1/8 l Weisswein, 50 g blaue Sultaninen, Salz, 1 dl Bouillon, 4 grosse Äpfel, 50 g Butter

Das Hackfleisch mit der Zwiebel und der Petersilie in wenig Fett in der Pfanne anbraten. Dann mit einem Teelöffel Mehl bestäuben, mit dem Wein ablöschen, die Sultaninen zugeben, salzen und das Ganze mit der Bouillon kurz aufkochen lassen. Die Äpfel schälen, von Kernhaus und Fliege befreien und dann vom Stiel her aushöhlen, nebeneinander in eine ausgebutterte Auflaufform setzen und mit der Hackfleischmasse füllen. Das ausgehöhlte Apfelfleisch und die übriggebliebene Fleischfüllung zwischen die Äpfel in die Form geben. Mit Butterflocken belegen und im vorgeheizten Backofen bei guter Hitze 20 – 30 Minuten braten. Dazu Salzkartoffeln servieren und einen kühlen Weisswein vom Genfersee.

GRAND VIN
VILLENEUV
CLOS DES
PIERRETTES
EDGAR PILET

Pot-au-feu

Kanton Freiburg

„On ne fait pas de rien grasse porée." Frei übersetzt heisst das etwa: „Aus Steinen kann man keine Fleischbrühe kochen", und dies bedeutet, dass zu einer guten Fleischsuppe ein kräftiges Stück Fleisch unbedingt nötig ist. Heute ist das Suppenfleisch auf der ganzen Welt geschätzt, nicht zuletzt wegen seiner guten Verträglichkeit und seiner bescheidenen Kalorien. Es ist unter vielen Namen bekannt: *Pot-au-feu* (Topf auf dem Feuer), *Bollito misto, Borschtsch, Siedfleisch,* wobei es hier der Wiener Tafelspitz zu besonderen Ehren brachte. *Gsottnigs* oder *Gsottes* im Schweizer Dialekt, das heisst im Wasser gesottenes, weichgekochtes Fleisch.

3 Liter Wasser, 1 Esslöffel Salz, 1 Wirz (Wirsingkohl), in Streifen geschnitten, 1 Lauchstengel, 1 Zwiebel, besteckt mit Lorbeerblatt und Nelken, 1 Knoblauchzehe, 1 kg Rindfleisch, durchwachsen, 2 Markknochen, 4 Pfefferkörner, 250 g Karotten, 1 Sellerieknolle, 500 g Kartoffeln, geschält und gewürfelt

Das Salzwasser mit dem Gemüse, der Zwiebel und der Knoblauchzehe aufkochen. Danach das Fleisch, die Markknochen und die Pfefferkörner hineingeben. Die Poren des Fleischs verschliessen sich rasch, es bleibt im Innern saftig. Ungefähr 2 1/2 Stunden (je nach Art und Grösse des Rindfleisches, im Dampftopf natürlich sehr viel kürzer, etwa 30 – 40 Minuten) leise kochen lassen, bis das Fleisch weich ist. Karotten und Sellerie nach der ersten Stunde beigeben, Kartoffeln etwa 30 Minuten vor Ende der Kochzeit.

Dazu Senf, Preiselbeeren, Meerrettichsauce und sauersüsse Zwetschgen reichen.

Poulet Pilzbäggli

Einer der bekanntesten Gastronomen Zürichs ist Emil Bäggli, der nicht nur Kochkünstler, sondern auch Pilzexperte ist, und so kreierte er zahlreiche Gerichte mit Pilzen. Diese Pflanzen gehören zu den rätselhaftesten Geschöpfen der irdischen Flora, und ihre vielen Formen und Farben haben den Menschen seit alters her fasziniert. Ein Gericht mit Pilzen stellt immer eine erstrebenswerte Abwechslung auf dem Speisezettel eines Feinschmeckers dar. Es ist daher etwas verwunderlich, dass bei einer in der Schweiz durchgeführten Umfrage nach den unbeliebtesten Gerichten die Pilze einen wenig dankenswerten zweiten Platz einnahmen. Möglicherweise kommt diese Abneigung daher, dass die edlen Speisepilze oft täuschend ähnliche, aber giftige Doppelgänger haben. Pilze sollten daher immer von einem Fachmann auf ihre Geniessbarkeit geprüft werden.

1 grösseres, frisches Poulet oder 2 kleinere Hähnchen (nicht tiefgekühlt), Salz, Pfeffer, 1 Petit suisse oder ein anderer Frischrahmkäse, 10 Wachholderbeeren, 200 g Blattspinat, 200 g Saisonpilze, 4 Schalotten, frische Kräuter

Das Poulet innen und aussen salzen und pfeffern, den Käse und die Wachholderbeeren in das Poulet hineinlegen. Im Grill goldbraun braten. Den abtropfenden Fleischsaft auffangen und etwa 10 Minuten vor Ende der Grillzeit den blanchierten, jungen Blattspinat (gut abgetropft) in den Pouletsaft in der Auffangschale legen und noch mitdünsten. Inzwischen fein gescheibelte Saisonpilze (möglichst gemischt) mit den Schalotten schön goldbraun dünsten, mit Salz und Pfeffer und frischen Kräutern (Oregano, Rosmarin) würzen. Das Poulet anrichten und mit dem Blattspinat und den Pilzen umlegen. Rösti und einen trockenen Weisswein dazu servieren.

Rahmfladen

Kanton Appenzell

Der Kanton Appenzell hat eine grosse Tradition im Backen von Fladen. Diese Kuchen erscheinen in vielen Zubereitungsarten als Frucht-, Rahm-, Honig-, Mandel-, Konfitürenfladen und in fast allen Dimensionen auf den Tischen. Und wenn es nach einer Mahlzeit kein Dessert, keinen Fladen geben sollte, ein guter Appenzeller Witz wird kaum fehlen!

300 g geriebener Teig (siehe Rezept Seite 72), 2 Esslöffel geriebene Mandeln, 50 g Zucker, 3 Eier, 30 g Butter, 3 Esslöffel Mehl, 3 dl Rahm, 1 Prise Salz, 1 Messerspitze Zimt, 30 g Weinbeeren, 2 Esslöffel Mandeln, blättrig geschnitten

Eine Tortenform mit nicht allzu dünn ausgewalltem Teig belegen und mit den geriebenen Mandeln bestreuen. Den Zucker mit den Eigelb schaumig rühren, nach und nach alle Zutaten beifügen und zuletzt das steifgeschlagene Eiweiss darunterziehen. Diese Masse auf den Kuchenteig füllen, nach Belieben noch mit einer Handvoll blättrig geschnittener, geschälter Mandeln bestreuen und bei Mittelhitze etwa 40 Minuten backen.

Ramequin

Kanton Waadt

Ramequin heisst frei übersetzt etwa Käsekuchen. Der Schweizer versteht darunter allerhand Zubereitungen mit Käse und Brot, im Ofen überbacken, was dem Gericht stets eine pikante Note verleiht. Als Käse eignen sich Greyerzer, Emmentaler oder Appenzeller in Scheiben oder auch gerieben. Als Brot Weissbrot oder einfach Reste, in Würfel oder Scheiben geschnitten. Von Kanton zu Kanton gibt es unterschiedliche Ramequin-Rezepte, zum Teil auch mit gewürfeltem Schinken vermischt. Im Tessin isst man Mais dazu, was das Ganze aber doch sehr kalorienreich macht. Auf jeden Fall passt ein leichter Weisswein oder ein Rosé ausgezeichnet zu Ramequin. Sie können auch einen *Mousseux* dazu servieren, einen speziellen Schaumwein, der im Waadtland und im Kanton Genf beliebt ist.

300 g Weissbrot, 250 g Emmentaler- oder Greyerzerkäse, 50 g Butter, 2 Eier, 1/2 Liter Milch, Salz, Muskat, Paprika, Pfeffer

Das Brot in halbzentimeterdicke, den Käse in dünnere Scheiben schneiden. Ziegelförmig überlappend in eine ausgebutterte Auflaufform schichten, so dass die Käsescheiben die Brotscheiben etwas überragen. Die Eier mit der Milch verklopfen, würzen, über die Scheiben giessen und die Butterflocken darauf verteilen. Im vorgewärmten Ofen 20–30 Minuten backen.

1976
VINTAGE
GRAND VIN
MOUSSEUX
BLANCS DE FRANCE

Reis mit Kastanien

Kanton Uri

Die Urner haben Reis, Mais und Kastanien schon im frühen Mittelalter in ihre Vorratskammern aufgenommen, denn durch die alte Passstrasse über den Gotthard standen sie in engem Güteraustausch mit dem Süden. Als Säumer standen viele Urner ganz im Dienst des Passverkehrs, er gab ihnen Arbeit und Verdienst. Sie beförderten sicher und zuverlässig die Waren hinüber und herüber. Die essbaren Früchte der Edelkastanie, auch als Maroni bekannt, werden schon seit dem 16. Jahrhundert als Arzneimittel (Diarrhöe) benützt, haben aber auch unter Feinschmeckern ihre Beliebtheit bis auf den heutigen Tag bewahrt.

200 g gedörrte Kastanien, 1 1/4 Liter Bouillon oder Salzwasser, 300 g Reis, 150 g Bergkäse oder Sbrinz, gerieben, nach Belieben eine Zwiebelschwitze aus 4 – 5 Esslöffel Butter, 1 grossen Zwiebel, in Scheiben geschnitten, 2 – 3 Knoblauchzehen, gehackt, etwas Mehl

Die gedörrten Kastanien über Nacht einweichen und in der Bouillon halb gar kochen. Den Reis zufügen und unter gelegentlichem Umrühren zugedeckt garen lassen. Vor dem Servieren den Käse unterrühren und die in Butter goldbraun gedämpften Zwiebelringe darüber verteilen. Oder – etwas pikanter – die Zwiebelringe in der Butter goldgelb anbraten, die gehackten Knoblauchzehen beifügen, mit Mehl überstäuben und mit Bouillon-Fond ablöschen. Aufkochen lassen und über den Kastanienreis giessen.

Tessiner Risotto

Kanton Tessin

Der Reis hat eine Eigenart, die unseren übrigen Getreidearten fremd ist. Er muss, Pflanze um Pflanze, einzeln in die Erde gesetzt werden. Auch spielt bei keinem anderen Getreide das Wasser eine so grosse Rolle. Der Name Reis soll aus dem Sanskrit, wo er *vrihi* lautete, während der Wanderung dieses Kornes nach Westen aus verschiedenen Umbildungen entstanden sein. Bei den Griechen hiess er *oryza,* daraus leitet sich das italienische Wort *riso* ab.

Italien ist auch das grösste Reisanbaugebiet Europas, und von hier kommt der beste Rundkornreis, der sich für Risotto besonders gut eignet. Zu diesem Gericht gehört stets geriebener Käse, in Italien also meistens Parmesan, in der Schweiz der grossartige Sbrinz. Die *Ticinesi* bereiten ihr Risotto mit Rotwein zu, der dem Reis einen typischen Geschmack verleiht. Risotto ist an sich eine Beilage, die sich für viele Fleischgerichte eignet, aber die zahlreichen Varianten und phantasievollen Zutaten lassen Risotto oft auch als Hauptgericht, mit frischem Salat und Tessiner Wein serviert, dominieren.

1 grosse Zwiebel, fein gehackt, 3 Knoblauchzehen, fein gehackt, 3 Esslöffel Öl, 300 g Reis, 3 dl Rotwein, 8 dl Bouillon, 2 Esslöffel Tomatenpüree, 50 g Butter, 100 g Sbrinz, gerieben

Zwiebeln und Knoblauch im heissen Öl dünsten, den Reis beifügen und glasig werden lassen. Mit dem Wein ablöschen und die kochende Bouillon dazugiessen. So viel Tomatenpüree beigeben, dass der Reis schön rot wird. Die Pfanne nicht ganz zudecken und den Reis ohne umzurühren körnig weich kochen. Vor dem Anrichten Butter und Sbrinz daruntermengen.

Risotto ai funghi

Kanton Tessin

Funghi ist der italienische Begriff für Pilze. Der Steinpilz (Boletus edulis) ist der König unter den Pilzen. Sein massiger brauner Hut, getragen von einem stämmigen Stiel, verleiht dem Pilz etwas Majestätisches. Die zu den Röhrenpilzen gehörenden Steinpilze kommen im Laub- und Nadelwald oder auf einer baumdurchstockten Wiese zwischen Moos und Farnkraut vor. Der Steinpilz eignet sich zu den verschiedensten Pilzgerichten, und er ist zugleich ein besonders gut geeigneter Dörrpilz.

400 g frische oder 60 g gedörrte Steinpilze, 1 Zwiebel, fein gehackt, 2 – 3 Esslöffel gehackte Kräuter (Thymian, Rosmarin, Estragon, Kerbel, Dill), 3 – 4 Esslöffel Öl, 300 g Reis, 1 dl Rotwein, 1 Liter Bouillon, 30 g Butter, 100 g Sbrinz, gerieben

Pilze gründlich waschen, rüsten (wie der Schweizer kurz und treffend das Putzen von Gemüse nennt) und kleinschneiden (gedörrte Pilze 10 – 15 Minuten einweichen). Zwiebel, Kräuter und Pilze im heissen Öl gut durchdünsten, den Reis zugeben, mitdünsten. Mit dem Wein ablöschen, einkochen lassen. Dann nach und nach Bouillon dazugiessen. Die Butter und den Sbrinz mit dem nicht zu weich gekochten, noch feuchten Reis vermengen. Risotto sollte nie umgerührt, sondern allenfalls mit einem Holzlöffel vorsichtig untergehoben werden. Es passt zu fast allen Arten von Fleischgerichten, ist aber auch anstelle einer Suppe unter Beigabe von Salat beliebt. Wein harmoniert immer zum Risotto, und es bleibt Ihrem persönlichen Geschmack überlassen, ob Sie Rot oder Weiss bevorzugen.

Rispor

Kanton Uri

Der Name des Gerichts ist eine Zusammenziehung von *Rys* und *Pohr.* Es ist also ein Risotto mit Lauch oder Porré (vom lateinischen *porro*). Grenzen trennen ja bekanntlich nicht nur, sie können auch verbinden. Insbesondere durch den Bau des Gotthardtunnels sind einige Tessiner und italienische Einflüsse in die Urner Küche gekommen, so wohl auch dieses Gericht.

1 kg Lauch, 1/2 Liter Bouillon, Salz, Pfeffer, Muskat, 2 Tassen Reis, 30 g Butter oder Fett, 100 g Bergkäse, gerieben

Den Lauch in 1 cm dicke Scheiben schneiden, in einem halben Liter Bouillon in etwa 20 Minuten fast weichkochen, mit Salz, Pfeffer, Muskat würzen, dann mit dem beigefügten Reis und der Butter zugedeckt noch 15 – 20 Minuten weiterkochen. Eventuell eingekochte Brühe durch Wasser ergänzen. Reis und Lauch gut mischen, heiss anrichten, Käse darüberstreuen.

Rösti

In allen Kantonen

Die Schweizer Küche verbinden nicht nur die Fremden zuallererst mit dem Begriff Rösti (gesprochen *Röschti*). Die Schweizer selbst stufen die Kochkünste ihrer Frauen nicht selten schlicht und einfach auf das Niveau ihrer Röstikenntnisse ein. Rösti bedeutet geröstete, gebratene Kartoffeln. Bei den Bauern war die Rösti zuerst ein währschaftes Frühstück. Man stellte die Platte mit den geraffelten, goldgelb gebratenen Kartoffeln mitten auf den Tisch, und jeder begann mit dem eigenen Löffel auf seiner Seite davon abzustechen. Dabei war es Brauch, den Löffel mit der Rösti in die große Tasse mit dem hellen Milchkaffee zu tunken und so den Genuss an der ersten Mahlzeit des Tages noch zu steigern.

1 kg Kartoffeln, in der Schale gekocht, 1 Esslöffel Salz, 3 – 4 Esslöffel Fett

Die Kartoffeln schälen, raffeln (es gibt spezielle Röstiraffeln) oder von Hand in Scheiben schneiden. Lagenweise Salz dazwischenstreuen. Das Fett in der Bratpfanne zergehen lassen. Die Kartoffeln hineingeben und unter mehrmaligem Wenden mit einer Bratschaufel etwa eine halbe Stunde bei kleiner Hitze braten. Gegen Schluss der Bratzeit die Kartoffeln vom Pfannenrand her zu einem Kuchen zusammenschieben und so lange weiterbraten, bis eine zusammenhängende Kruste entsteht. Den Röstikuchen durch Rütteln oder mit dem Schäufelchen vom Pfannenboden lösen und auf die Röstiplatte stürzen.

Natürlich gibt es viele Varianten und Verfeinerungen dieses Grundrezepts, und nahezu jeder Kanton hat seine eigene spezielle Rösti. Sie dient als Beilage zu sehr vielen Gerichten, kann aber auch für sich alleine mit einem frischen Salat ein ausgezeichnetes und abwechslungsreiches Gericht sein.

Berner Rösti

Kanton Bern

Die Berner Rösti ist vielleicht die bekannteste aus der grossen Röstifamilie. Aber nahezu jeder Schweizer Kanton hat seine besondere Zubereitung und schwört auf sie. Eine kleine Auswahl des Nationalgerichtes:

Basler Rösti – mit viel Zwiebelringen
Tessiner Rösti – mit Speckwürfelchen, Rosmarin
Zürcher Rösti – mit feingehackter Zwiebel, Kümmel
Glarner Rösti – mit Schabziger
Appenzeller Rösti – mit Teigwaren (Hörnli), Speck, Appenzellerkäse
Urner Rösti – mit Bergkäse, Zwiebeln, Kaffee
Westschweizer Rösti – mit Speck, Tomaten, Paprika, Greyerzerkäse

1 kg Kartoffeln, in der Schale gekocht, 1 Teelöffel Salz, 2 Esslöffel Butter, 2 Esslöffel Schweineschmalz, 50 g Speck, in Würfel geschnitten, 2 Esslöffel Milch

Die Kartoffeln schälen, mit der Röstiraffel in Stäbchen raffeln und mit Salz vermischen. Butter und Schmalz in einer Bratpfanne erhitzen. Speck und Kartoffeln hineingeben und unter mehrmaligem Wenden rundum leicht anbraten. Zu einem Kuchen zusammenschieben und mit einem Deckel oder einer Röstiplatte zudekken. Auf kleinem Feuer 20 Minuten backen. Dann Milch darübergiessen und wiederum zugedeckt während etwa 10 Minuten goldbraun fertig backen. Auf die Platte stürzen und servieren.

Zuger Rötelfilets

Kanton Zug

Wenn Sie ihn irgendwo bekommen können, so bereiten Sie dieses Gericht aus dem edlen Rötel vom Zugersee oder dem benachbarten Aegerisee zu. Genauer genommen heisst diese Fischart Seesaibling. Der Aegerisee-Rötel darf sich rühmen, dass seine Vorfahren schon im Jahre 1352 unter den Feinschmeckern begehrt waren. Damals war Aegeri dem Fraumünster in Zürich und den Klöstern Kappel und Einsiedeln dienstpflichtig. Der Zehnte wurde mit *Rotten* (Rötel) bezahlt, zum Beispiel nach Kappel 400 Stück jedes Jahr. Die Rötel werden übrigens nur von Mitte November bis Mitte Dezember gefangen, denn nur in dieser kurzen Zeit entwickeln sie ihr volles Aroma.

600 – 800 g Rötelfilets (ersatzweise Felchen), Salz, Pfeffer, Saft einer halben Zitrone, Butter, 1 Esslöffel Schalotten oder Zwiebeln, fein gehackt, 1 Esslöffel Lauch, fein geschnitten, 2 dl Weisswein, 30 g Butter, Salz, Pfeffer, Saft einer halben Zitrone, 1/2 Knoblauchzehe, fein zerrieben, Schnittlauch, Petersilie, Majoran, Thymian, 1 dl Rahm

Fischfilets mit Salz, Pfeffer und Zitronensaft würzen und in eine gefettete feuerfeste Form schichten. Schalotten und Lauch dazustreuen, Wein darübergiessen und im vorgeheizten Ofen bei 180° C 10 – 15 Minuten (je nach Stärke der Filets) dämpfen. In der Zwischenzeit die Butter schaumig rühren und die übrigen Gewürze daruntermischen. Fischfilets anrichten, den Fischfond etwas einkochen lassen, die Kräutermischung und den Rahm beifügen. Unter Rühren kurz aufkochen und über die Filets verteilen. Salzkartoffeln oder Reis und grünen Salat servieren. Dazu einen nicht zu schweren Weisswein reichen.

Rüeblitorte

Kanton Aargau

„Rüebli git schöni Büebli." Dieser Urgrossmutterspruch bedeutet nichts anderes, als dass die Buben, die viel Karotten essen, besonders schön würden. Damals wusste man bestimmt noch nicht sehr viel über Vitamine, von denen das Vitamin A, das besonders ausgeprägt in den Karotten vorkommt, erst Anfang dieses Jahrhunderts von dem englischen Forscher Frederick Gowland Hopkins entdeckt wurde. Wesentliche Vorarbeiten zum Thema Vitamine und Ernährung kamen übrigens aus der Schule von Bunge aus Basel, in der man 1881 bahnbrechende Versuche mit Mäusen durchführte. Auch ein anderer berühmt gewordener Schweizer, der Arzt Dr. Maximilian Bircher-Benner, wies auf die Wichtigkeit des Vitamins A eindringlich hin, indem er sagte: „Man kann gar nicht zuviel darauf bedacht sein, die tägliche Nahrung mit natürlichen A-reichen Speisen anzureichern." Was wäre in diesem Sinne besser und angenehmer geeignet als eine Rüeblitorte?

6 Eier, 300 g Zucker, abgeriebene Schale einer Zitrone, 1 Gläschen Kirsch, 300 g geriebene Mandeln, 250 g rohe geriebene Karotten, 50 g Mehl, Puderzucker, Marzipankarotten

Die Eigelb mit dem Zucker zusammen schaumig rühren. Die Zitronenschale und Kirsch beifügen. Mandeln, Karotten, Mehl mit den steifgeschlagenen Eiweiss abwechselnd unter die Eiermasse ziehen. Die Masse in eine gefettete und bemehlte Springform einfüllen. Bei Mittelhitze (etwa 180° C) in einer Stunde hellbraun backen. Mit Puderzucker bestäuben. Dann mit Marzipan-Rüebli garnieren. Die Rüeblitorte schmeckt am besten, wenn sie ein bis zwei Tage alt ist!

Sauerkraut nach Schaffhauser Art

Kanton Schaffhausen

Man weiss, dass bereits Galenus, ein berühmter Arzt, der um 200 n. Chr. lebte, das Sauerkraut gegen Magenleiden, Gicht und gegen den Biss tollwütiger Hunde empfahl. Auch heute noch lobt man die vielen guten Eigenschaften des vergorenen Krautes, beispielsweise seine leichte Verdaulichkeit, seinen grossen Vitamingehalt und seine Schmackhaftigkeit. Kein Wunder also, dass es sich in ganz Mitteleuropa grosser Beliebtheit erfreut und in allen nur erdenklichen Variationen und Garnierungen zubereitet wird. Unter dem Munot, dem Wahrzeichen von Schaffhausen, liebt man das Sauerkraut mit den speziellen Kümmelwürsten dieser Stadt am Rheinfall und mit einem Hauch von Marc, einem Schnaps aus den ausgepressten Trauben der hiesigen Weinberge.

3 grosse Zwiebeln, 2 Esslöffel Fett, 1 kg Sauerkraut, 1 Esslöffel Kümmel, 1 Esslöffel Wacholderbeeren, 1/4 Liter Bouillon, 1 Gläschen Marc de Schaffhouse, 2 Esslöffel Stärkemehl, 4 Kümmelwürste

Die gehackten Zwiebeln im heissen Fett andämpfen. Das Sauerkraut locker daraufgeben, mit Kümmel und Wacholderbeeren bestreuen und mit der Fleischbrühe auffüllen. Das Sauerkraut zugedeckt, jedoch unter öfterem Rühren weichkochen. Den Marc mit Stärkemehl vermischen, unter das Sauerkraut geben und kurz aufkochen lassen. Die Kümmelwürste 10 Minuten im heissen Sauerkraut ziehen lassen. Dazu Salzkartoffeln oder Bauernbrot und Most oder ein frisches Bier reichen.

Marc
SCHERZINGEN

Schabziger-Kartoffeln

Kanton Glarus

Schabziger ist zweifellos einer der ältesten Käse der Schweiz, denn er wird schon um 1000 n. Chr. erwähnt, und schon 1464 erliessen die Glarner exakte Vorschriften über die Herstellung des Käses und schufen eine Schutzmarke. Ziger, oft auch Zieger geschrieben, wird aus dem beim Käse ausgeschiedenen wässrigen Teil der Milch (Sirte oder Molke) durch zusätzliches Ansäuern und Erhitzen gewonnen. Der pikante Glarner Kräuterkäse wird mit Gewürzen und Kräutern versetzt, wobei der Zigerklee, das *Zigerchruut* (Trigonella coerulea), die entscheidende Rolle spielt. Das Kraut riecht sehr stark und wurde von den Kreuzrittern Ende des 11. Jahrhunderts aus Kleinasien ins Abendland gebracht. Die Glarner lernten es im Kloster Säckingen kennen, wo es zusammen mit vielen anderen Küchenkräutern angepflanzt wurde. Sie bauten es in der Folge selber an und verwendeten es, um ihrem Ziger jenes ganz charakteristische Aroma zu geben.

300 g Kartoffeln, Salzwasser,
300 g Teigwaren (Hörnli),
40 g Schabziger, 40 g Butterflocken,
20 g Butter, 2 Esslöffel Paniermehl

Die Kartoffeln schälen, in Würfel schneiden und in Salzwasser weichkochen. Die Teigwaren ebenfalls in reichlich Salzwasser *al dente,* also nicht zu weich kochen, abtropfen lassen. Kartoffeln und Teigwaren abwechslungsweise mit Zwischenlagen aus fein geriebenem Schabziger und Butterflocken in einer Schüssel anrichten. Butter heiss werden lassen und das Paniermehl darin kurz rösten. Das Gericht damit übergiessen und heiss servieren. Dazu passen Salate der Saison und ein Gläschen leichter Rotwein.

Churer Schafstotzen

Kanton Graubünden

„Kartoffeln, ist des Bauern Sage, schmecken alle Tage!“ In den vielen bäuerlichen Eintopfgerichten der Schweiz spielen die Kartoffeln oft die Hauptrolle, gehen aber mit Fett, Fleisch und Gemüse eine solch wohldurchdachte Verbindung ein, dass sie nie und nimmer verleiden. Eine alte Weisheit lautet ja auch: „Kartoffeln tun wohl balgen, aber nicht talgen.“ Kartoffeln füllen wohl den Leib (Balg), setzen aber keinen Talg (Fett) an. In diesem Zusammenhang sei auch auf die nicht jedermann bekannte Tatsache hingewiesen, dass 100 g gekochte Kartoffeln nur einem Nährwert von 70 Kalorien entsprechen, also relativ wenig.

1 Schafstotzen, Salz, Pfeffer,
1 Knoblauchzehe, 50 g Fett,
4 Karotten, Nelken, 1 Zwiebel,
2 Tassen Bouillon, 1 kg Kartoffeln

Einen Schafstotzen (Keule, am besten vom Metzger entbeinen lassen) mit Salz und Pfeffer bestreuen und mit feinen Stiftchen von Knoblauch spicken. „In einem kupfernen Becki“ (Kupferkessel) das Fett heiss werden lassen, das Fleisch hineingeben, die geschälten Karotten und eine mit Nelken besteckte Zwiebel dazulegen. Über das Ganze eine Tasse Bouillon giessen und das Fleisch im Backofen bei 200° C ca. 1 3/4 Stunden unter Wenden und öfterem Begiessen braten. Eine Dreiviertelstunde vor dem Anrichten die geschälten und in grobe Stücke geschnittenen Kartoffeln rings um das Fleisch garnieren und eingekochte Sauce durch Bouillon verdünnen.

In Chur wird ausgezeichnetes Bier gebraut. Auch der Wein hat einen guten Ruf dort. Wie wär’s mit einem Churer Schiller?

Emmentaler Schafsvoressen

Kanton Bern

Es lässt sich nicht mehr genau ergründen, woher das seltsame Wort Voressen kommt, denn das, was heute unter diesem Begriff gekocht wird, ist meistens recht währschaft, nahrhaft. Dennoch wird man ursprünglich eine Vorspeise gemeint haben, und wenn man heute allgemein unter Voressen ein Ragout versteht, so deutet ja auch dieser französische Name auf einen vorweg gereichten „Gaumenkitzel" hin, und das allseits bekannte *ragout fin* gehört zu den klassischen Vorspeisen.

Im Emmental ist das Schafsvoressen sehr beliebt und darf bei keiner *Sichlete,* dem Erntedankfest, fehlen. Unser Rezept stammt aus Langnau im Emmental.

1 1/2 kg Schaffleisch, in Würfel geschnitten, 8 dl Schafsbrühe oder Fleischbouillon, 1 Lorbeerblatt, 1 mit Nelken gespickte Zwiebel, 1 Karotte, 80 g Mehl, 1 1/2 dl vergorener Most oder Weisswein, Salz, Pfeffer, Muskat, Rahm, Butter, Safran

Das Schaffleisch mit der Brühe, dem Lorbeerblatt, der gespickten Zwiebel und der Karotte heiss ansetzen und gar kochen. Die Brühe mit dem Mehl, angerührt mit Most oder Weisswein, abbinden, mit Salz, Pfeffer und Muskat würzen. Die Sauce wird mit etwas Rahm, Butter und Safran je nach Geschmack verfeinert. Die Sauce kann auch mit Rahm und Eigelb zusammen verfeinert werden. Mit Kartoffelstock servieren.

Schenkeli

Innerschweiz

Dieses Fasnachtsgebäck wird in heissem Fett gebacken. Woran erkennt man aber die für den Backvorgang notwendige Temperatur des Fettes? Unsere Grossmütter tauchten einen Holzlöffelstiel ins Fett. Sobald sich um das Holz kleine Bläschen bilden, ist die richtige Temperatur erreicht. Die urständige Schweizer Küche kennt übrigens eine Vielzahl von *Chüechli,* von meist Schmalzgebackenem, das zur Fasnacht, zu Chilbifesten (Kirmes) oder an langen Winterabenden zur Spinnet aufgetischt wurde. Dazu gab und gibt es Most oder Wein und viel gute Laune.

300 g Kokosfett, 500 g Zucker, 10 Eier, abgeriebene Schale einer Zitrone, 1 1/2 kg Mehl, 1/2 Päckchen Backpulver, Kokosfett zum Ausbacken

Fett, Zucker und Eier schaumig rühren. Zitronenschale, Mehl und Backpulver zugeben und zu einem Teig kneten. Fingerdicke Schenkeli rollen, etwa 5 – 7 cm lang. Mit dem Zeigefinger jedes Schenkeli oben, der Länge nach, leicht eindrücken. Dies erzeugt nachher beim Backen den Sprung im Schenkeli. Genügend Kokosfett in einer nicht zu kleinen Pfanne auf etwa 170° C erhitzen. Immer einige Schenkeli auf einmal backen, mit der Schaumkelle herausnehmen, abtropfen lassen und auf Haushaltspapier legen.

Diese Rezeptzutaten ergeben fast 100 Schenkeli. Man kann natürlich alles auf die Hälfte reduzieren oder aber bäckt eben auf einen kleinen Vorrat.

Schnitz und drunder

Kanton Aargau

„Zu meiner Zeit“, hört man ältere Leute oft erzählen, „da hatte die Mutter noch ihren Schnitztrog auf dem Boden.“ Ein solcher Schnitztrog wurde nie leer, denn jeden Herbst wurde wieder ein Vorrat mit Dörrobst angelegt. Für die Kinder war es herrlich, im Winter zu Besuch bei der Grossmutter zu sein, die ab und zu einen Griff in das Schnitzsäckli tat und gedörrte Apfel- oder Birnenstücke verteilte. Bis heute hat sich das Rezept Schnitz und drunder erhalten, und was unter die Apfelschnitze kommt, sind in diesem Fall Kartoffeln.

250 g gedörrte süsse Apfelschnitze,
300 g Räucherspeck,
600 g Kartoffeln, Salz, Butter

Die Apfelschnitze knapp bedeckt mit lauwarmem Wasser über Nacht einweichen. Apfelschnitze mit dem Speck und dem Einweichwasser zugedeckt etwa 1 Stunde auf mittlerem Feuer kochen. Kartoffeln schälen und in Schnitze schneiden, auf die vorgekochten Äpfel und den Speck legen, leicht mit Salz bestreuen und weiterkochen, bis die Kartoffeln weich sind. Den Speck aus der Pfanne nehmen, in Scheiben schneiden, die Kartoffelstücke im Topf mit Butterflocken belegen, schmelzen lassen. Apfel- und Kartoffelschnitze leicht durcheinanderschütteln (nicht umrühren), die Speckscheiben obendrauf legen und servieren.

Schoppa da jotta

Kanton Graubünden

Gerste (Hordeum distichum) ist jene Getreideart, die im Gegensatz zu allen anderen nahezu in jedem Klima der Erde gedeiht. Sie wächst in den Tropen wie im Himalayagebiet. Hier kommt sie bis zu einer Höhe von 4300 m, in den Anden bis zu 3000 m und in den Alpen bis 2100 m vor. Eigenarten der Gerste sind ihre Widerstandsfähigkeit, ihre kurze Vegetationszeit und ihr geringer Feuchtigkeitsbedarf. Deshalb wurde und wird sie vor allem in den Gebirgslagen und in nördlichen Gegenden angebaut. Gerste hat einen hohen Nährwert, was bei den Mahlzeiten der Bergbauern natürlich besonders wichtig war. Aus dem Engadin stammt diese Gerstensuppe, die im ganzen Bündnerland beliebt und vielleicht das bekannteste Gericht dieser Region überhaupt ist. Sie wird in fast jedem Haushalt nach eigener Version zubereitet.

500 g geräuchertes Rindfleisch, 150 g Gerste, 1 kleiner Krautkopf, 250 g Kartoffeln, 1 Esslöffel Mehl, 3 Esslöffel Rahm, Salz, Pfeffer

In 1 1/2 Liter Wasser das Fleisch und die Gerste geben und nach zweistündiger Kochzeit das gehackte Gemüse und die stengelig geschnittenen Kartoffeln beifügen. Alles noch etwa 1 Stunde kochen, dann das Mehl mit dem Rahm verrühren und der Suppe beifügen, mit Salz und Pfeffer würzen und anrichten, indem man das Fleisch in Würfel schneidet. Wer will, kann in diese Suppe, die ja eigentlich schon ein Eintopf ist, noch Engadiner Würstchen geben.

Schtunggis

Kanton Nidwalden

Schtunggis bedeutet in der schweizerdeutschen Sprache etwa dicker Brei. Man *schtunggt* (zerstösst) etwas zu Mus (Äpfel) oder zu Stock (Kartoffeln). Oft gibt es auch ein *Gschtungg* (ein Gestosse, ein Gedränge) vor einer Kino- oder Theaterkasse. Auch nicht sehr angenehm ist es, wenn man von hinten in eine Strassenbahn *inegschtungget* (hineingedrückt) wird! Das Gericht selbst ist in der ganzen Innerschweiz, vor allem in den Kantonen Ob- und Nidwalden, sehr beliebt und stammt wie fast alle eigenständigen Schweizer Rezepte aus der bäuerlichen Küche. Den Namen hat es wahrscheinlich in früherer Zeit bekommen, als die Bauersleute einen Topf mit allen Zutaten auf den Herd stellten oder in den Ofen schoben, um anschließend zur Arbeit aufs Feld zu gehen. Da liess sich die Kochzeit nicht immer auf die Minute regeln, und wenn es einmal etwas später wurde, waren die Kartoffeln im Topf zerfallen, und der Eintopf war ein Stampf, ein Schtunggis.

600 g Schweinefleisch, in Würfel geschnitten, 1 – 2 Esslöffel Fett, 2 Zwiebeln, Salz, Pfeffer, Muskat, 800 g Gemüse (je nach Jahreszeit Lauch, Karotten, Kohlrabi, Sellerie), 4 dl Fleischbrühe, 4 – 5 Kartoffeln

Die Fleischwürfel im heissen Fett gut anbraten. Die gehackten Zwiebeln beifügen und mitrösten. Mit Salz, Pfeffer und Muskat würzen. Das Gemüse in kleine Stücke schneiden und abwechselnd mit den Fleischstücken in einen gut schliessenden Topf schichten. Die Hälfte der Brühe dazugiessen und zugedeckt im vorgeheizten Ofen 1 Stunde lang schmoren. Die geschälten und in Würfel geschnittenen Kartoffeln und die restliche Fleischbrühe beigeben und in einer weiteren halben Stunde fertigschmoren.

Sii

Kanton Wallis

Diese Nachspeise wurde früher im Unterwallis immer bei Hochzeiten serviert. Unser Rezept bringt eine abgewandelte, moderne Form, da das Walliser Roggenbrot und der Holundersirup nicht überall zu bekommen sind. Über den Walliser Wein übrigens heisst es in einem Gedicht von Ludwig Imesch: „Die Wasser zerrissener Gletscherschründe – in hölzernen Kenneln, über jähe Felsstürze geleitet – leihen den Trauben die Urkraft, edlen Saft zu gebären – den Wein – geworden aus Wasser – dem Menschen zur Freud' und zum Leid, ob er ihn lustvoll geniesset oder masslos vergiesset."

6 Scheiben Toastbrot, 1 Flasche Walliser Rotwein (Dôle), 100 g Zucker, 100 g Weinbeeren, 50 g Butter, 1 Esslöffel Johannisbeergelee

Die Toastscheiben beidseitig leicht hellbraun rösten und in eine feuerfeste Form legen. Den Wein darübergiessen und den Zucker hineinstreuen. Die Weinbeeren, die Butter und das Gelee beifügen und das Ganze im Ofen oder auf dem Herd etwa 10 Minuten leise kochen lassen.

Das Originalgericht wird mit 250 g Walliser Roggenbrot zubereitet, das man in kleine Würfel schneidet, die man über Nacht in 1/2 Liter Dôle einweicht. Die Weinbeeren im restlichen Wein ebenfalls über Nacht einlegen. Dann beides gut miteinander verrühren und den Zucker sowie statt Johannisbeergelee 2 Esslöffel Holundersirup zugeben (siehe Rezept Seite 104). Die Butter in einem Caquelon zerlaufen lassen und die Masse erwärmen, jedoch nicht zu stark, damit der Wein nicht zu sehr verdunstet. In hübsche Dessertschalen füllen und mit geschlagenem Rahm servieren.

Provins Valais
1981
Mise en bouteille par
PROVINS VALAIS

Soufflé au fromage

Kanton Genf

Das *Soufflé* ist wörtlich übersetzt etwas Aufgeblasenes, und zwar wird es wie die Aufläufe unter Einfluss der Backofenwärme aufgebläht. Soufflés sind in ihrer Zusammensetzung leichter als Aufläufe und sind dementsprechend anspruchsvoller in der Behandlung. Auch hier spielen die sehr steifgeschlagenen Eiweiss als Triebmittel die Hauptrolle. Gesalzene Soufflés werden meistens als warme Vorspeisen oder als leichtverdauliche Hauptgerichte serviert. Süsse Soufflés sind dagegen als Desserts gedacht.

2 1/2 dl Milch, 5 Eigelb, 100 g Sbrinz, gerieben, Salz, Pfeffer, 1 Prise Muskat, 1 Esslöffel Kartoffelmehl, 5 Eiweiss, 30 g Butter, Semmelbrösel

In einer grossen Schüssel werden Milch, Eigelb, Käse, Gewürze und Kartoffelmehl gut verrührt. Dann schlägt man die Eiweiss zu sehr steifem Schnee und zieht diesen sorgsam unter die Käsemasse. Eine Auflaufform wird bis oben an den Rand hin gut mit Butter ausgestrichen, mit Semmelbröseln bestreut und mit der Soufflémasse zu zwei Dritteln gefüllt. Die restliche Butter verteilt man als kleine Flocken darüber. Die Auflaufform in den vorgeheizten Backofen schieben. Das Soufflé soll bei mässiger Hitze 20 – 30 Minuten backen, bis es hoch aufgegangen und auf der Oberseite leicht gebräunt ist. Während dieser Zeit sollte der Backofen nicht geöffnet werden. Man nimmt das Soufflé erst kurz vor dem Auftragen aus dem Ofen. Dazu grünen Salat servieren und einen Roten vom Genfersee.

GAMA
ROMAN

Glarner Spinatzoggle

Kanton Glarus

„Von allen Kochkreuttern ist das Binetschkraut meines Bedunkens das best und lieblichst!" So rühmte Hieronymus Bock, der Verfasser eines der bekanntesten Kräuterbücher, im Jahre 1550 unseren einheimischen Spinat. Auch über die „innerliche und äusserliche Würkkung" weiss der Botaniker vom Spinat viel Gutes zu sagen. „Binetsch erweichet den Bauch, mildert die rauhe Kehle und macht einen sanften Atem. Besagte Arznei ist auch gut für Magen und Leber, denn es legt den Schmerz hin!" Seinen Namen hat der Spinat vom lateinischen *spinacia,* und die Schweizer Mundart hat daraus *Schbinätsch* oder *Binätsch* abgeleitet. Zoggle sind übrigens enge Verwandte der schwäbisch-alemannischen Knöpfli und Spätzle.

350 g Mehl, 1 1/2 dl Wasser, 1 1/2 Teelöffel Salz, 3 Eier, 300 g Spinat, 1 Büschel Petersilie, 3 – 4 Esslöffel geriebener Schabziger, 30 – 40 g Butter

Aus Mehl, Wasser, Salz und den verklopften Eiern einen geschmeidigen Knöpfliteig machen. Spinat kurz blanchieren, gut abtropfen lassen und fein hacken. Den Teig und den Spinat gut miteinander vermischen und die feingehackte Petersilie darunterrühren. Leicht gesalzenes Wasser in einem grossen Topf zum Kochen bringen und den Teig mit dem grosslöchrigen Knöpflisieb portionsweise ins Wasser geben, kochen. Sobald die Zoggle an die Oberfläche steigen, mit einer Schaumkelle herausziehen, abtropfen lassen und auf einer vorgewärmten Platte anrichten. Jede Lage mit feingeriebenem Schabziger bestreuen. Butter schmelzen und über die Zoggle giessen. Dazu frischen Salat.

Stupfete

Kanton Thurgau

Stupfen heisst in diesem Fall soviel wie Hineintunken. Dieses Gericht aus der Ostschweiz ist für eine nette Abendgesellschaft eine lustige Abwechslung, denn wie beim Fondue sitzt man um den Tisch und benützt die in der Mitte stehende Saucenpfanne. Kartoffeln haben übrigens viele Namen, und noch vor hundert Jahren war die Auswahl der verschiedenen Sorten verwirrend gross. Da gab es solche, die nach ihrer Reifezeit benannt wurden, so zum Beispiel die *Drümonet Härdöpfel* (die früheste, in drei Monaten reife Sorte) oder die Jaköbler, eine Sorte, welche um Jakobi, am 25. Juli, erntereif war. Auch *Augschte Härdöpfu* kannte man, und es ist unschwer zu erraten, dass ihre Erntezeit in den Monat August fiel. Für unser Rezept eignen sich am besten kleine, neue Kartoffeln.

1 kg Kartoffeln, 8 Esslöffel Öl, 4 Zwiebeln, fein gehackt, 2 Büschel Petersilie, fein gehackt, 2 Büschel Schnittlauch, fein gehackt, Pfeffer, Salz, 8 Esslöffel Essig oder Weisswein

Kartoffeln in der Schale im Dampf weichkochen. In einem Pfännchen oder Fondue-Caquelon das Öl erhitzen, dann Zwiebeln, Petersilie, Schnittlauch, Pfeffer und Salz, Essig oder Wein hineingeben, rühren und etwa 5 Minuten köcheln lassen.

Die Sauce soll siedend heiss aufgetragen werden. Sie wird zur allgemeinen Benutzung in die Tischmitte auf ein Rechaud gestellt. Jeder steckt sich nun ein Kartoffelstück an seine Gabel und *stupft* sie zuerst in die Sauce, bevor er sie zum Mund führt. Dazu passt ein kühler Thurgauer Wein, etwa vom Bodensee.

1981
THURGAUER
ISELISBERGER

Süübäggli und suure Gummeli

Kanton Schwyz
(für 5 – 6 Personen)

So, jetzt sind wir so richtig ins Schwyzerdütsch hineingeraten! Daher seien hier einige Schweizer Dialektausdrücke rund um dieses Rezept für Gäste und Nichtschweizer erklärt:

Süü – Säue, Schweine (schwyzerisch)
Souw – Sau, Schwein (luzernerisch)
Söi, Seu – Säue, Schweine (luzernerisch)
Schwynigs – Schweinefleisch (luzernerisch)
Bäggli – Backen, Wangen (luzernerisch)
Gummeli – Kartoffeln (schwyzerisch)

1 1/2 – 2 kg Schinken, 8 Lorbeerblätter, 8 Nelken, 1 kg Kartoffeln, 4 Esslöffel Mehl, 4 Esslöffel Butter, 1 Liter Fleischbrühe, 1 Lorbeerblatt, 1 Nelke, eine Prise Muskat, 3 Esslöffel Essig, 1/8 Liter Rahm, 1 Büschel Petersilie

Den Schinken in heisses, aber noch nicht kochendes Wasser geben und 2 bis 2 1/4 Stunden (je nach Gewicht) ziehen lassen. Herausnehmen und die Schwarte entfernen. Die darunterliegende Fettschicht kreuzförmig einschneiden. Die Lorbeerblätter mit den Nelken daraufstekken und den Schinken im Ofen etwa 30 Minuten überbacken. Die Kartoffeln schälen und in Scheiben von 1/2 cm Dicke schneiden. Das Mehl in der Butter hellbraun rösten, mit der Fleischbrühe aufgiessen und glattrühren. Lorbeerblatt, Nelke und Kartoffelscheiben hineingeben. Auf kleinem Feuer gar kochen. Mit Muskat vorsichtig abschmecken. Essig und Rahm verrühren und dazugiessen. Lorbeerblatt und Nelke entfernen und die Kartoffeln zusammen mit dem Schinken anrichten. Mit der gehackten Petersilie überstreuen.

Walliser Tomatenspeise

Kanton Wallis

Ursprünglich wuchs die Tomate als tropische Wildpflanze im Andengebiet von Peru. Von den Indianern wurde sie damals schon als Nahrungsmittel angebaut. Christoph Columbus brachte im Jahre 1498 einige Tomatenpflanzen nach Europa. Sie galten anfangs nur als seltene Zierpflanzen. Der gewerbsmässige Anbau in der Schweiz erfolgte erst um 1915. Sie zeigte bald viele Varianten in Form und Farbe. Tomaten von Johannisbeer- bis doppelter Faustgrösse, von weiss über gelb in allen Schattierungen und von ziegel- bis weinrot. Auf dem europäischen Markt ist die Tomate heute zu einer der wichtigsten Gemüsearten geworden. Viele lebensnotwendige Mineralstoffe und Vitamine sind in der Frucht enthalten.

4 grosse Tomaten, etwas Butter,
2–3 Knoblauchzehen oder
1 Zwiebel, fein gehackt, Streuwürze,
Pfeffer, Oregano, Paprika,
8 kleine Eier

Die Tomaten quer halbieren, etwas aushöhlen, das Tomatenfleisch in eine ausgebutterte Gratinform geben. Die Knoblauchzehen oder Zwiebel darüberstreuen, würzen. Die ausgehöhlten Tomatenhälften innen würzen und mit der Öffnung nach unten in die Form setzen. Etwa 15 Minuten lang im heissen Ofen überbacken. Herausnehmen und in jede Hälfte ein Ei schlagen, nochmals würzen und weitere 6–8 Minuten – mit der Öffnung nach oben – im Ofen backen. Die Tomaten mit dem Fond zusammen anrichten und Reis oder Teigwaren dazu servieren und einen leichten Dôle kredenzen.

Provins
1980
Dôle

Tomates fribourgeoises

Kanton Freiburg

Liebesapfel nennen die Franzosen erwartungsfroh die Tomate, deren sachlich nüchterne Bezeichnung die Engländer und Deutschen aus dem historischen Namen *Tumatle Americanorum* abgeleitet haben, die später in fast alle Sprachen übernommen wurde. Rot ist ja die Farbe der Liebe, und man glaubte früher, dass der Genuss solch leuchtend roter Früchte Liebeswahn erwecken könne. So berichtet die Gesellschaft für Schweizerische Volkskunde, dass in der Westschweiz die Tomate noch um 1762 als ein unfehlbares Zaubermittel der Liebe gepriesen wurde. Paradiesäpfel heissen sie in Österreich. *Pomodoro,* Goldapfel, nennt sie dagegen der Italiener. Und tatsächlich war die Tomate früher eher goldgelb als leuchtend rot, denn erst um die Mitte des 18. Jahrhunderts gelang es Züchtern in Italien, der Frucht die leuchtend rote Farbe abzugewinnen.

500 g Tomaten, Salz, 100 g Greyerzerkäse, 100 g fein gewürfelte gekochte Kartoffeln, 1 Zwiebel, 1 Esslöffel Schnittlauch, Pfeffer

Tomaten halbieren, etwas aushöhlen, salzen und eine Weile ziehen lassen. Dann die sich bildende Flüssigkeit abschütten und die Tomatenhälften mit einem mit Pfeffer gewürzten Gemisch aus kleingeschnittenem Käse, den gekochten Kartoffelstücken und der gehackten Zwiebel füllen. Die Tomaten 10 – 15 Minuten im heissen Backofen überbacken und mit Schnittlauch bestreut servieren. Dazu Weissbrot reichen und Pinot noir.

Türken-Ribel

Kanton St. Gallen

Ribel ist eine uralte Speise, die man vor allem im rätischen Alpenraum (Graubünden und die südlichen Bezirke des Kantons St. Gallen) kennt. Der türkische Beiname deutet auf Mais hin, der im Volksmund auch Türkenkorn genannt wird, da die Verbreitung dieses Getreides in Europa wahrscheinlich im 16. Jahrhundert von diesem Land am Bosporus ausging. Romanisch heisst das Gericht *Maluns.* Der Ribel wird vorzugsweise, wie etwa Fondue, gemeinsam von der Platte oder aus der auf den Tisch gestellten Pfanne gegessen. Es war Brauch, dass man den Löffel voll Ribel in eine Tasse Milchkaffee tauchte und erst dann in den Mund schob!

300 g Maismehl (feines Polentamehl), 100 g Weissmehl, 1 Tasse Wasser, 80 g Butter, 30 g Butter

Die beiden Mehlarten in einer Schüssel gut miteinander mischen und unter Umrühren das leicht gesalzene, siedendheisse Wasser in die Schüssel geben. Weiterrühren, bis sich Ribeli (Klümpchen) bilden. Eine Stunde lang stehen lassen. Die Butter in der Bratpfanne erhitzen und die Ribeli darin rösten, bis sie bräunlich werden. Über den *Türggeribel* noch frische Butter geben und mit Milchkaffee oder Salat servieren.

Zwetschgenauflauf

Kanton Basel

Kleine Brötchen aus Milch-, Butter- oder Eierteig, Weggli, haben die Bäcker schon eh und je feilgehalten. *Chrüzerbrötli* hiessen sie früher oder auch *Batzebrötli,* weil sie einen Kreuzer oder einen Batzen kosteten. Dies war Grund genug, solches Kleingebäck nur bei besonderen Anlässen aufzutischen. Als Abwechslung zum üblichen Ruch- oder Schwarzbrot waren die weissen Brötchen natürlich besonders begehrt. Aus dieser Zeit stammt wohl auch die Redensart: „Das gaht weg wie frischi Weggli!" Der Kanton Basel ist bekannt für seine Vorliebe für Süsses, Patisserien, und von den berühmten Basler Leckerli wird noch an anderer Stelle des Buches gesprochen.

4 Weggli, 4 dl Milch, 3 Esslöffel Rosinen, 1 kg Zwetschgen, 2 Eier, 5 Esslöffel Zucker, 2 Esslöffel Butter, 1/2 Teelöffel Zimt, 1/2 Teelöffel geriebene Zitronenschale, 2 Esslöffel geriebene Mandeln oder Haselnüsse

Die Weggli in etwa 1 cm grosse Würfel schneiden, mit der heissen Milch begiessen, zudecken und 10 Minuten stehen lassen, bis das Brot weich ist und alle Flüssigkeit aufgesogen hat. Die Rosinen in wenig Wasser einlegen. Die Zwetschgen halbieren und entsteinen. Eigelb und Zucker schaumig schlagen, die weiche Butter daruntermischen. Zimt, Zitronenschale, die abgetropften Rosinen, Mandeln oder Haselnüsse und Zwetschgen mit den Weggli zugeben. Unmittelbar vor dem Backen die steifgeschlagenen Eiweiss daruntereziehen. Die Masse in eine gebutterte Auflaufform einfüllen, mit Butterflocken belegen und 35 Minuten bei 220° C backen.

ZIMT
EN

Bildquellen

Comet 30
Siegfried Eigstler 32/33
Edmond van Hoorick 2, 6/7 (8), 14/15 (5),
16/17, 18 l., 26/27, 35, 36/37 (6), 42/43 (3),
44/45 (4), 47, 48/49 (5), 50, 51, 52, 54/55 (7),
58/59
Löbl-Schreyer 29
Sigloch Edition/Bildarchiv: 11, H. J. Döbbelin 60–209
Richard Weich 22/23 (8), 38/39
ZEFA-Linthom 19

Die Gerichte nach Rezeptgruppen

Suppen, Gemüse- und Eintopfgerichte

Fischgerichte

Fleischgerichte und Geflügel

Kartoffelgerichte

Reis- und Maisgerichte

Käsegerichte

Herzhaftes aus dem Backofen

Aus der Pfanne

Zwischengerichte

Obst- und Süss-Speisen

Kuchen und Torten, Kleingebäck

Falls nicht anders angegeben,
sind die Zutaten für vier Personen
bemessen.

Die Gerichte alphabetisch

Reihenweise Kulinarische Köstlichkeiten

In gleicher Ausstattung sind weitere Titel lieferbar.